동양상담학 시리즈 ❷

불교와 상담

박성희 저

Oriental Counseling Series

학지사

동양상담학 시리즈를 펴내며

돌이켜보면 참 오랫동안 한국상담 또는 동양상담에 대한 연구와 논의의 필요성을 느껴 왔다.

처음 상담계에 입문할 때에는 그저 서양에서 들어온 지식을 열심히 섭취하여 상담을 잘하기만 하면 그만이라고 생각했다. 상담의 발상지가 서양이니까 그렇게 하는 게 하나 이상할 것도 없고, 또 상담계에 종사하는 모든 사람들이 그렇게 하니까 아무런 의구심이 들지 않았다. 하지만 시간이 지나면서 조금씩 내가 하는 일에 무엇인가가 빠져 있다는 사실을 눈치 채기 시작했다. 서양 사람들에게서 뽑아 낸 상담 지식을 한국 사람에게 그대로 적용하는 데에 무리가 있다는 점을 알게 된 것이다. 그러니까 그때까지 나는 한국 사람을 미국 사람 대하듯 상담해 왔다. 이런 사실을 알게 되면서 내심 무척 당황하고 부끄러웠다. 한국 사람과 미국 사람

이 모든 점에서 똑같다면 모르되, 그렇지 않다면 맞지 않는 옷을 어색하게 입히려는 우스꽝스런 짓을 하고 있었던 셈이다.

이때부터 나의 고민은 시작되었다. 어떻게 하면 한국 사람들에게 어울리는 상담을 할 수 있을까? 어떻게 하면 한국 사람에게 적합한 상담 지식을 찾아내고 이를 체계적으로 정리할 수 있을까? 어떻게 하면 한국적 문화와 역사와 전통을 반영한 상담 이론을 구성할 수 있을까? 이런 고민 끝에 한국인의 일상생활에 스며 있는 삶에 대한 철학과 사상과 문화적 전통을 뒤져 보자는 생각을 하게 되었다. 이렇게 해서 이 책에 실린 원고들을 하나씩 쓰기 시작하였다. 이때 우연히 이웃나라 일본의 상담학자들도 일찌감치 나와 같은 고민을 하며 일본식 상담을 개발하였다는 사실을 접할 수 있

었다. 모리타 상담과 나이칸 상담은 그들의 치열한 문제의식이 잉태한 일본식 상담론으로서 우리가 한 번쯤 살펴볼 만한 가치를 가지고 있다. 이 책의 제목이 한국상담이 아니라 동양상담이라고 붙여진 것은 일본상담이 포함되었기 때문이기도 하고, 동양사회를 관통하고 있는 유·불·도 삼가의 사상이 주요 주제로 다루어지고 있기 때문이기도 하다.

원래 이 원고 집필을 시작할 때는 한 권의 단행본으로 출판하려고 하였다. 그러나 작업을 하다보니 앞으로도 이런 작업이 끝없이 이어져야 할 거라는 생각, 그리고 연구가 완성될 때까지 오래 기다리기보다 그때그때 신속하게 연구 결과를 보고하는 편이 나을 거라는 생각이 들었다. 이 시리즈의 첫 원고가 이미 5년 전에 탈고되었다는 점이 이런 생각을 굳히게 했다. 앞으로

이 시리즈가 계속되기를 기대한다. 필자 역시 이 작업을 계속하겠지만, 한국상담과 동양상담에 관심 있는 상담학도라면 그 누구라도 이 작업을 이어갈 자격이 있다. 그리하여 앞으로 100권, 200권을 넘어서기까지 이 시리즈가 쌓여 가기 바란다. 감히 말하건대, 이 시리즈 목록의 길이는 한국상담의 성숙도를 보여 주는 바로미터가 될 것이다.

필자는 상담을 전공하는 후학들이 '우리와 우리 것'에 대해 관심 가지기를 간절하게 바란다. 원고를 쓰면서 필자는 우리 역사, 사상, 철학, 문화 속에 상담 정신이 깃든 자료가 그렇게 풍부하다는 데 정말 놀랐다. 그럼에도 불구하고 이들이 상담학도들의 눈에 띄지 않았다는 사실이 참 이상하다. 다소 늦기는 했지만 이 자료들을 정리하여 현대 상담 속으로 끌어들일 때가 되었

다. 외국으로부터 배울 것은 배우되, 온고지신 하는 마음으로 우리 것을 품어서 한국상담학을 정립해 가는 창조적인 작업에 모두 동참하자.

이 작업을 시리즈물로 기획하자고 제안하신 김진환 사장님 그리고 상담에 대한 깊은 애정을 가지고 정말 꼼꼼하게 교정과 편집 책임을 맡아주신 최임배 부장님에게 감사의 말씀을 드린다. 앞으로도 좋은 상담책 많이 출판하셔서 한국상담계의 발전에 큰 몫을 담당해주시기 바란다.

청주 원봉산 자락에서, 박성희

머리말

동양 사상의 중추라고 말할 수 있는 불교는 지금도 동양문화권에 사는 사람들의 내면 세계에 커다란 영향을 미치고 있고, 이는 한국에서도 예외가 아니다. 그리하여 다른 동양 사상과 달리, 불교는 일찌감치 상담학도들의 주목을 받았고, 불교 상담에 대한 연구도 비교적 활성화되어 있는 편이다. 하지만 아직도 불교 상담에 대한 연구가 본격적으로 진행되고 있다고 하기에는 미흡한 점이 있다. 출판된 연구 논문과 단행본 수가 그리 많지 않고, 또 연구 내용의 수준이 그다지 깊지 않기 때문이다. 현재로서는 불교에 담겨 있는 상담적 요소를 서양상담학의 틀에 맞춰 소개하는 수준이라고 말할 수 있는 정도다.

불교는 상담 이론과 실제에 대한 지식을 엄청나게

저장하고 있는 보물창고다. 이 보물창고에서 어떤 지식을 어떻게 끄집어내 다듬고 가공하느냐에 따라 불교 상담은 아주 다양한 형태를 취할 수 있으리라고 예상된다. 예를 들어, 이미 일반인에게 잘 알려진 불교적 선과 명상에서도 상담적 가치가 풍부한 지식들을 얼마든지 캐낼 수 있다.

이 글은 불교 상담이라는 주제 아래 국내에서 이루어진 연구들의 내용과 성격을 분석하고, 앞으로 불교 상담학이 나아가야 할 방향을 탐색하였다. 불교에 대한 지식이 일천한 필자가 이런 작업을 하다보니 여러 가지로 어려운 점이 많았다. 그래도 누군가는 해야 할 일이라고 여겨서 욕심을 부렸으니, 미흡한 점이 있더라도 이해해 주기 바란다. 이 글은 이미 3년 전에 탈고를 마쳤다. 그리하여 지난 3년여 동안 새롭게 이루어진 연구 결과들이 포함되지 않았다. 혹 불교 상담에 관한 최신 연구에 관심을 가진 분은 직접 자료를 챙겨 보시기 바란다. 아울러 이 연구의 후속편을 저술한다면 더 바랄 나위가 없다.

차례

1

왜 불교 상담인가?

　상담은 인격적인 만남을 통해서 사람들의 변화를 돕
는 활동이다(박성희, 2001). 이렇게 상담을 정의하면 상
담은 시·공의 제약을 훌쩍 벗어난다. 언제 어디서든
사람들이 도움을 주고받으며 어울려 사는 곳에서는 으
레 상담 현상을 찾을 수 있기 때문이다.

　그러나 종전에 상담자와 상담학자들은 상담을 이렇
게 정의하지 않았다. 상담은 항상 심리치료와 더불어
논의되었다. 학자들은 상담과 심리치료를 뚜렷이 구분
하지 않았으며, 상담을 심리학 또는 심리치료학에 종
속되어 있는 것으로 생각하였다. 그리하여 상담은 심

리학이 출현하게 된 19세기 이후 서구에서 시작된 것으로 오해하게 되었다.

심리치료는 정신에 문제가 있을 때 이를 치료하는 활동이다. 이 치료 활동을 전개하는 데 도움을 주는 과정의 하나에 상담이 있다. 따라서 상담과 심리치료를 동일시하는 것은 잘못이다. 둘 사이에 상당한 공통점이 있다고 해서 둘을 같은 것으로 보아서는 곤란하다. 그런데 성격이 다른 상담과 심리치료를 같은 것으로 간주함에 따라 다음과 같은 심각한 문제가 발생했다. 첫째, 원래 심리치료는 아무나 할 수 있는 행위가 아니다. 치료를 감당할 만한 전문적 지식과 기술이 있는 사람이라야 다른 사람의 잘못된 정신상의 문제를 치료할 수 있다. 그런데 상담과 심리치료를 동일시함에 따라, 상담도 심리치료와 마찬가지로 아무나 하지 못하는 전문 활동이라는 인식이 뿌리를 내리게 되었다. 둘째, 심리치료학은 주로 서구에서 발전하였으며, 이미 상당히 세련된 지식 체제를 확보하고 있다. 따라서 상담은 심리치료학에서 발전된 지식을 그대로 활용하면 된다는 생각이 자리를 잡게 되었다. 서구, 특히 미국의 심리치료학에서 발전된 지식을 원형 그대로 수입·전파하면 족하다는 발상은 여기에서 나왔다. 셋째, 우리 문화에 담겨 있는 상담 현상을 분석하고자 할 때 서구의 심리치료 이론이 판단 준거가 된다. 예컨대 '도가에서 주장하는 무위자연의 개념은 로저스의 수용의 개념과 유사하므로 매우 상담적이다.'는 종류의 진술이 그것이다. 우리 문화에 담겨 있는 상담 현상을 고유한 시각으로 정립하는 대신 서구의 심리치료에서 발견한 틀과 개념을 앞세우고 그에 맞추어 짝짓기하는 방식이 유행하게 되었다.

이런 오해가 쌓이다보니, 우리나라(동양)에는 상담이 없다거나 상담에 기여할 만한 지식이 결여되어 있다는 잘못된 결론에 도달하게 되었다. 상담을 배우기 위해 외국에 유학을 간다든가, 상담자들이 심리치료에 대한 공부에 매달리는 일들이 이런 데 원인을 두고 있다.

그러나 상담을 심리치료와 구별하고, 앞에서 정의한 대로 '인격적인 만남을 통해서 사람들의 변화를 돕는 활동'임을 인정하면 전혀 새로운 전망이 펼쳐진다. 먼저 상담은 19세기 말이 아니라 인류의 출현과 더불어 시작된 것이며, 서구 사회뿐 아니라 사람 사는 모든 곳에서 생생하게 기능하고 있는 활동으로 확대된다. 서구 사회에서 그런 것처럼, 동양에는 동양 나름의 인격적 만남이 있고, 또 이 사회가 규정하는 바람직한 삶의 방식이 있다. 아울러 사람들이 바람직한 삶을 영위할 수 있도록 도움을 주는 활동 역시 끊임없이 전개되어 왔다. 이렇게 보면 상담은 시·공을 초월하여 항상 사람들의 삶 속에 살아 있는 것임을 알 수 있다.

상담에 대해 열린 관점을 취하고 보면, 동양 또는 한국에서도 상담에 대한 정교한 이론과 실제 기법들이 발전되어 왔음을 알 수 있다. 동양의 대표적 사상이라고 말할 수 있는 유·불·도 삼가에서 주장하는 사람의 본질, 사람의 변화에 대한 설명은 모두 상담 이론에 해당한다. 심성의 정체와 기능을 규명하기 위하여 조선 500년 동안 전개되어 온 이기 논쟁 역시 상담의 이론과 실제에 대한 풍부한 지식을 담고 있다. 이렇듯 멀리 가지 않더라도 바로 우리 주변에 상담이 살아 움직이고 있고, 또 그 상담 활동을 지원하는 지식들이 널려 있다. 문제는 상담학의 관점에서 이를 체계적으로 읽어 내고, 현대인의 삶과 어울릴 수 있도록 그 내용을 재해석하며, 사람들이 쉽게 활용할 수 있는 상담 기법으로 다듬는 일이다.

이 글은 바로 그런 노력의 하나로 시작되었다. 동양 사상의 중추라고 말할 수 있는 불교는 사람의 본질과 변화에 대해 엄청난 지식을 계발한 바 있을 뿐 아니라, 지금도 동양문화권에서 사는 사람들의 내면 세계에 커다란 영향을 미치고 있다. 상담의 관점에서 보면 불교는 그야말로 상담 이론과 실제에 대한 지식을 엄청나게 서상하고 있는 보물창고다. 이 보물창고에서 어떤 지식들이 나올지 기대해 볼 만하다.

최근 들어 불교에 담겨 있는 상담학적 지식에 주목한 일부 연구자들이 불교와 상담을 연관짓는 작업을 시도하고 있다. 이 글은 지금까지 이루어진 이런 작업들을 분석하여 불교상담학의 현주소를 점검하고, 불교 상담학이 앞으로 나아가야 할 방향을 더듬어 볼 것이다. 또한 이 글은 주로 국내 연구자들이 출판한 학위논문과 저서들을 중심으로 논의를 전개할 것이다. 서양 연구자들이 수행한 연구물에 대한 분석은 차후의 과제로 미루어 둔다.

2

연구 방법

이 글은 불교와 상담을 연관시킨 선행 연구들의 내용을 다음에 나오는 몇 가지 기준 중심으로 문헌 분석한 것이다. 여기서 '불교'는 불교 내의 특정 종파를 지칭하는 것이 아니라 상담과 불교를 연계시키기 위해 선행 연구들이 추출해 낸 불교적 요소 모두를 총칭한다. 따라서 이 글에서 '불교'는 불교라는 커다란 테두리 안에서 논의되는 다양한 주장과 수행 방법들이라고 보아도 무방하다. '불교 상담'은 불교에서 상담적 요소를 발견하여 이를 상담과 접목하려는 시도를, '불교 상담학'은 불교 상담을 체계적인 지식으로 정리하려는 학문적 노력을 의미한다.

선행 연구를 개괄하는 이 글은 개괄의 대상으로 논문 제목 또는 책 제목에 불교적 요소가 들어 있고, 동시에 상담 또는 심리치료라는 표현이 들어 있는 출판물들로 한정하였다. 불교에 대한 여타 심리학적 접근을 시도한 연구물은 연구 대상에서 제외하였음을 미리 밝혀둔다.

불교 상담과 관련하여 지금까지 출판된 학위논문은 별로 많은 편이 아니다. 교육대학원의 논문을 포함시키더라도 이 분야의 석·박사학위 논문은 20편이 넘지 않는다. 학술논문이나 단행본 서적에서도 사정은 마찬가지다. 심리학과 불교의 관계를 조명한 논문이나 서적이 많은 데 비하면 연구의 양 자체가 매우 적은 편이다.

3

선행 연구 개괄

 선행 연구를 개괄하는 방식은 어떤 기준을 선택하느냐에 따라 달라질 수밖에 없다. 이 글은 불교 상담의 내용을 본격적으로 정립하려는 것이 아니라, 불교 상담과 관련하여 기왕에 연구된 연구물들의 내용과 성격을 진단하는 것이다. 이를 위하여 필자는 임의로 세 가지 분석 기준을 설정하였다. 연구자들이 그 연구를 왜 시작하였는지 연구의 동기와 목적을 묻는 기준, 연구자들은 불교의 내용 중 어떤 요소들을 상담과 관련시키고 있는가를 묻는 상담 요소에 대한 기준, 연구자들의 논의 속에서 발견할 수 있는 불교 상담의 특색이 무엇인가를 묻는 불교 상담의 특성에 대한 기준이 그것이다. 이 세 가지를 하나씩 살펴보자.

1. 연구 동기 및 목적

연구 동기와 목적, 즉 어떤 연구를 왜 시작하게 되었는지에 대해서 알아보는 일은 연구의 성격과 가치를 확인할 수 있다는 점에서 의미가 있다. 불교상담학을 연구한 연구자들은 왜, 어떤 목적에서 연구에 착수했을까? 필자는 이를 네 가지로 정리할 수 있다고 보았다.

첫째, 불교의 핵심 사상을 서구의 심리치료 이론과 비교하려는 것이다. 불교의 개념들과 심리치료 이론을 비교하여 공통점과 차이점을 밝혀내고, 이를 바탕으로 불교가 심리치료 이론으로서 성립 가능함을 보여 주려는 전략이다. 때로는 심리치료가 다룰 수 없는 부분을 불교 상담이 충족시킬 수 있다는 점이 지적되기도 한다. 심리치료는 기본적으로 문제에 대한 치료를 목표로 하는데, 불교 상담은 정상인의 인격적 성장에도 기여할 수 있다는 주장이 그중 하나다.

선행 연구들 중 대부분의 비교 연구들이 이 부류에 속한다. 선과 상담에 관한 비교 연구(이광준, 1974), 선과 C. Rogers의 인간중심적 접근과의 비교 연구(황화성, 1988), 불교적 상담과 C. Rogers의 인간중심적 접근과의 비교 연구(함승희, 1990), 정신분석·인간 중심의 상담 및 불교의 비교(이동식, 1974; 1991; 윤호균, 1982), 심리치료에 있어서 분석적 이론과 선 이론의 비교 연구(이춘회, 1990), 선과 상담 심리치료의 비교 연구(유미영, 1986), 인지치료의 관점에서 본 불교(권석만, 1997), 선과 분석심리학직 정신치료에 있어서 기본 전제와 태도의 비교(이죽내, 1981), 행동주의와 유식학의 비교 연구(강종구, 1999), 선과 파블로프의 개(김보경, 2001) 등을 이 부류의 연구물로 꼽을 수 있다. 이들 연구에서 비교 대상이 된 심리치료 이론은 정신분석, 분석치료, 인간 중심 치료, 인지치료, 행동치료 등이며,

간혹 게슈탈트 치료도 등장한다. 심리치료와 비교되는 불교의 핵심 사상들에 대해서는 뒷부분에 다시 논의하기로 한다.

둘째, 불교 상담의 효과를 실증적인 방법에 의해 검증하려는 것이다. 선이나 명상처럼 불교 상담에 입각한 기법을 청담자들에게 실제로 적용해 보고 그 효과 여부를 검토하려는 노력이 이에 해당한다. 불교 상담의 현실적 타당성을 입증하기 위해서는 이런 종류의 실증 연구가 많이 축적되어야 할 것이다. 그러나 필자가 지금까지 입수한 국내 연구물들 중에는 이런 연구가 극소수에 불과하다. 선의 심리치료적 효과에 관한 연구(김학환, 1980), 명상이 스트레스 및 자아실현에 미치는 영향에 관한 연구(1993), 명상수련자의 성격특성에 따른 명상의 불안완화 효과(정현주, 1999) 정도가 고작이다. 이미 오래 전부터 불교적 기법들, 예컨대 명상이나 선이 가져오는 생리적 효과에 대해 연구를 진행해 온 서구와 커다란 차이가 있음을 알 수 있다 (Wallace & Benson, 1972; Linden, 1973; De Grace,

1975). 최근에 명상이나 선을 상담의 한 방법으로 사용하는 사람들을 주변 곳곳에서 볼 수 있다. 명상과 선이 여러 가지 긍정적인 심리적 효과를 가져온다는 개인의 경험 사례도 쉽게 접할 수 있다. 다만 불교 기법의 상담적 효과에 대하여 과학적인 방법과 절차를 적용하여 검증한 연구물이 없다는 점은 안타까운 일이다.

셋째, 불교의 중요 개념이나 기법들을 심리치료의 과정에 활용하려는 것이다. 연기윤회, 삼법인, 사성제, 중도, 8정도, 삼학, 유식사상, 참선수행법, 지관법과 같은 불교의 사상과 수행법에 들어 있는 심리치료의 원리와 방법적 전략을 찾으려는 전략이다. 유식불교의 심리치료 연구(이상구, 1987), 8정도 수행법과 심리치료(박영동, 1989), 불교임상심리학(오까노 모리야, 일진 역, 1992), 선에서의 분별심 초월 과정이 상담에 주는 시사점(김진태, 1997), 선을 이용한 게슈탈트 집단 상담 프로그램(노안영, 1998), 불교의 연기론과 상담(윤호균, 1999), 청소년 상담의 선 심리치료적 연구(김상백, 2000), 불교 상담(방기연, 2000) 등이 이런 연구에 속한다. 이 연구들은 논의 전개 과정에서 더러 서구의 심리치료와 비교하는 작업을 병행하기도 하지만, 무게중심을 상담과 심리치료의 수단으로서 불교의 장점과 특징을 찾는 데 두고 있다.

넷째, 불교상담학의 고유한 이론 체계를 정립하려는 것이다. 사람의 본질 및 변화와 관련된 불교의 철학적 사상에 바탕을 두고, 불교 고유의 체계적인 상담 이론과 상담 방법을 구성하려는 접근이다. 불교에 상담적 요소를 지닌 사상이나 기법이 들어 있다고 해서 이들이 곧바로 상담 이론이나 상담 기법이 되는 것은 아니다. 상담의 근거가 될 수 있는 인간관, 세계관을 갖추어야 하고, 동시에 사람의 내면 상태를 진단하고 이의 변화와 성장에 도움을 줄 수 있는 상담 과정과 절차에 대한 지식을 제공할 수 있어야 한다. 유식학을 중심으로 유식상담의 정립을 시도한 강종구(1999, p. 8)는 '유식학이 어떤 점에서 새로운 상담 이론 구성의 원천이 될 수 있는가를 여러 각도에서 고찰하고, 유식상담 이론이 기존의 상담 이론과 어떤 점에서 다른지, 또 유식학이 상담에 어떤 기여를 하고 있는지' 체계적으로 설명하고 있다. 김보경(2001)은 상담의 목표, 전략, 방법 등을 체계화한 불교상담학을 구성하고 이를 지관 상담이라고 명명한 바 있다. 본격 이론서의 형태를 취하고 있지는 않지만, 불교 지식을 현대적인 관점에서 풀어 내고 그에 어울리는 상담 기법들을 소개한 용타 스님(1997)의 저서도 이 범주에 들어간다.

2. 불교에 담겨 있는 상담적 요소

그렇다면 불교의 어떤 개념들이 상담학자들의 주목을 받아 왔을까? 선행 연구들에서 언급된 주요 개념들을 몇 가지 상담학적 분류 기준에 따라 나열해 보고, 그 내용들에 대해서 간단한 설명을 붙여 보자.(불교와 상담을 연관시킨 대부분의 연구물들은 불교인식론이라고 할 수 있는 유식론의 사상과 개념에 크게 의지하고 있다. 여기에서는 유식론과 여타 불교적 개념을 특별히 구분하지 않고 섞어서 논하도록 한다.)

불교와 상담의 관련성을 탐색한 선행 연구들은 불교의 핵심 개념에 담겨 있는 상담 요소들을 몇 가지 차원으로 구분하여 논의하고 있다. 강종구(1999)는 인간관, 인간 심리의 구조와 작용, 변화의 원리, 상담의 목적, 상담의 과정, 상담 기법, 상담자의 자세와 특성 등으로 나누어 불교적 개념을 분류하고 있고, 이춘회(1990)는 서구의 분석치료와 대비하면서 불교에 담겨 있는 상담 요소들을 치료 대상, 치료 분석, 치료 목표, 치료 방법, 치료 기법으로 구분하였다. 김보경(2001)은 불교와 행동주의 심리학을 비교하는 준거로 인간의 마음·성격·행동, 심리적 고통의 원인, 심리적 고통을 제거하는 방법, 우주관과 철학 사상 등 네 가지를 제시하고, 그에 따라 불교적 개념들을 논한 바 있다. 그외 대부분의 선행 연구들은 불교적 개념들을 상담적 의의와 상담 기법으로서의 활용 가능성이라는 차원에 따라 분류하고 있다(김기석, 연도미상; 박영동, 1989; 함승희, 1990; 윤호균, 1999).

선행 연구들에서 사용한 분류 기준을 종합하면 불교의 상담 요소를 다음 다섯 가지, 즉 인간관과 세계관, 인간 변화의 원리, 인간 변화의 수준과 단계, 상담 목적, 상담 과정, 상담 방법 등으로 나누어 정리할 수 있다고 판단된다. 물론 불교에서 발견할 수 있는 상담 요소들이 정확히 이 다섯 가지 범주 중 어느 하나에 한정되는 것은 아니다. 예를 들어 연기설은 인간관과 세계관 차원뿐 아니라 인간 변화의 원리, 상담 방법 차원에도 속할 수 있다. 그러나 각각의 불교적 상담 요소들의 중심 내용에 보다 가까운 범주를 찾는 것이 불가능하지는 않다. 불교적 개념들을 이 다섯 가지 범주에 따라 분류하고 간단한 설명을 덧붙여 보자.

· **인간관과 세계관**: 연기설, 윤회, 사분설, 팔식과 삼능변, 삼법인, 오위백법론, 유식무경설, 공 또는 무
· **인간 변화의 원리**: 중도설, 훈습설, 회광반조, 불이의 원리
· **인간 변화의 수준과 단계**: 수행오위론, 십우도, 37

조도품 중 7각지, 사선

· **상담 목적**: 깨달음, 해탈, 열반, 견성, 평상심, 전식득지, 미십중으로부터의 자유

· **상담 과정**: 변의원삼성설, 사성제, 분별심 초월, 방하착(집착을 놓음)

· **상담 방법**: 참선(명상), 오정심관, 육바라밀, 삼륜청정, 37조도품, 사섭법, 교화법, 12연기의 역관, 삼학, 사념처관, 선문답, 지관법, 팔정도, 사마타, 위빠사나

1) 인간관과 세계관

· **연기설(緣起說)**: 연기는 인연생기를 줄인 말로 연이 되어서 결과를 일으킨다는 뜻이다. 인생, 세계 그리고 우주는 모두 여러 원인과 조건이 화합하여 생겨난다고 주장하는 연기설은 불교 교리의 이론적 밑바탕이다. 연기론에서 보면 일체 현상은 모두 찰나의 변화이며, 영원한 것은 없다는 '무상'의 관점을 얻게 되고, 나아가 자기를 주재하는 사

람도 없고(人無我), 영원히 변화하지 않는 실체도 없다(法無我)는 생각에 도달하게 된다. 불교에서는 사람의 마음이 오온(五蘊)의 연기라고 말한다. 오온은 색, 수, 상, 행, 식 다섯 가지가 쌓인다는 뜻인데, 색(色)은 물질에 의해 구성된 육체, 수(受)는 감정, 상(想)은 연상, 행(行)은 행동과 의지, 식(識)은 의식을 일컫는다. 연기법의 하나인 12연기법은 생로병사와 관련된 번뇌가 어떻게 시작되는가를 설명해 준다. 이를 간단히 화살표로 표시해 보면 다음과 같다. 무명 → 행 → 식 → 명색 → 육입(육근) → 촉 → 수 → 애 → 취 → 유 → 생 → 고통. 이 외에도 연기설에는 진여연기설, 업감연기설, 아라야식연기설, 법계연기설, 6대 연기설 등이 있다.

· 윤회설(輪回說): 윤회설 역시 불교 핵심 교리의 하나다. 현상 세계를 원인과 결과로 나누고 이를 인과 관계로 설명하는 연기설의 입장에서 보면, 연기는 끝없이 연쇄 작용을 일으키며 이어지는 과정이다. 이렇게 끝없이 전개되는 연쇄 과정이 바로 윤회

다. 윤회는 찰나에서 찰나로 이어질 수도 있고, 전생·현생·후생으로 이어질 수도 있다. 선한 행동에는 선한 결과가 따르고, 악한 행동에는 나쁜 결과가 따른다는 업보 사상은 윤회설에서 파생된 것이다.

· **공(空) 또는 무(無)**: 불교에서는 참본성을 공 또는 무라고 말한다. 이 공은 일종의 텅 빈 허공과 같아서 모든 것을 담고 있으면서도 그 자체는 조금도 변하지 않는 것으로 표현된다. 모든 대상의 일어나고 생기고 변하고 없어지는 과정의 근본이 되지만, 공 자체는 그런 것들에 의해 영향을 받지 않고 그대로 남아 있다는 것이다. 불교에서는 우리의 참모습(또는 부처의 마음)을 바로 공으로 본다. 이 공의 본성을 가로막고 사람들을 고통으로 떨어지게 하는 원인이 바로 분별심이다.

· **사분설(四分說)**: 사분설은 사람의 인식 구조를 네 가지 요소, 즉 상분, 견분, 자증분, 증자증분으로 나누어 본다. 상분(相分)은 인식되는 어떤 대상, 견분

(見分)은 어떤 대상을 보는 나, 자증분(自證分)은 어떤 대상을 보고 있는 나에 대하여 반성적으로 자각하는 나, 증자증분(證自證分)은 반성적으로 자각하는 나에 대한 또다른 자각을 말한다. 따라서 주체와 객체는 분리된 것이 아니며, 결국 사람들의 삶은 자신이 자신을 보며 살아가는 것에 불과하다는 주장이다.

· **팔식(八識)과 삼능변(三能邊)**: 마음의 구조를 설명할 때 등장하는 용어들이다. 8식은 사람의 마음을 8층 구조, 삼능변은 3층 구조로 본다. 일반적으로 8식은 마음의 작용이 표층에서 심층으로, 삼능변은 심층에서 표층으로 향하는 것으로 해석한다. 8식에는 안이비설식 능 외계의 대상에 대한 감각 작용을 담당하는 전오식, 전오식을 전체적으로 통괄하고 지배하여 조화로운 통일을 이루는 의식(제6식), 나를 중심으로 이것저것 따지고 생각하는 마나식(제7식), 내면 가장 밑바닥에 사람이 경험한 모든 것을 쌓아놓는 아뢰야식(제8식) 등이 포함된

다. 삼능변으로 구분할 때는 아뢰야식이 제일 처음 작용하는 초능변이며, 마나식이 제2능변, 나머지 모두가 삼능변에 해당한다.

· **삼법인(三法印):** 삼법인은 불교 이론의 중심 고리이자 근본 원칙으로서 제행무상, 제법무아, 일체개고를 포함한다. 여기에 열반적정을 더해서 사법인이라고 부르기도 한다. 제행무상(諸行無常)은 일체가 변화하며 영원한 것은 없다는 주장이다. 모든 것은 일종의 흐름이며, 모든 존재는 영원한 변화의 흐름 중에 있을 따름이라는 것이다. 제법무아(諸法無我)는 모든 존재는 인연의 화합으로 생긴 상대적인 것에 불과하며, 독립적이고 변하지 않는 실체 또는 주재자는 없다고 주장한다. 따라서 대상 세계를 규율하는 법도 없으며(法無我), 이를 주체적으로 통제한다고 여겨지는 나도 없다고 한다(人無我). 일체개고(一切皆苦)는 모든 것이 고통이라는 통찰을 일컫는다. 생로병사를 거쳐가는 삶의 과정 하나하나가 자세히 들여다보면 고통으로 점

철되어 있다. 고통에 대한 분석은 사성제에서 보다 자세히 이어진다. 열반적정(涅槃寂定)은 제행무상과 제법무아에 대한 깨달음이 깊어지면 도달하게 되는 상태다. 적정은 곧 열반의 상태를 말한다. 번뇌를 멀리 떠나고 모든 속박으로부터 벗어나 항상 고요한 평화의 상태에 있는 것이 열반적정이다.

· **오위백법론(五位百法論):** 불교의 한 학파인 유식학이 주장하는 고유한 인식론과 존재론을 말한다. 유식학에서는 몸과 마음을 식으로 일원화하여 파악하는데, 식의 본체와 작용을 크게 다섯 범주 백 가지의 내용으로 분류하였다. 다섯 범주인 오위에는 심왕법, 심소유법, 색법, 불상응행법, 무위법이 있고 이 오위는 다시 100가지 법으로 나뉘어신나. 쉽게 이야기하면, 오위백법론은 마음이 어떻게 발생하며 어떻게 작용하는지에 대해 정밀하게 논의한 내용이다. 이 중 핵심되는 내용이 심왕법과 심소유법이다. 심왕법(心王法)에는 전오식, 의식, 마나식, 아뢰야식 등 8가지 식이 있다. 그중 제8식을

심왕이라고 하는데, 그 이유는 제8식이 마음의 주체가 되기 때문이다. 심소유법(心所有法)은 제8식의 작용을 말한다. 즉, 정신의 주체인 심왕이 움직임에 따라 더불어 일어나는 현상이 심소유법이다. 색법은 일체의 물질을 말한다.

· 유식무경설(有識無境說): 존재하고 기능하는 것은 식 하나뿐이라는 식일원론의 입장을 적극적으로 표현한 말이다. 오로지 마음만이 있으며, 마음을 떠나 실체로서의 대상이나 외계는 없다는 주장이다.

2) 인간 변화의 원리

· 중도설(中道說): 불교 연기설의 유식학적 표현으로서 자아와 법, 공과 식을 실재 또는 비실재(있다 또는 없다)로 여기는 집착과 견해를 벗어나라는 주장이다. 유식학에 의하면, 현상의 모든 것은 우리의 식에 근거를 두고 있다. 하지만 다양한 존재가 현실적으로 존재한다는 것을 부정할 수도 없다. 모든 존재의 본체는 공이지만 동시에 현실적로 존재

한다. 따라서 모든 것을 '있다' 거나 '없다'는 한쪽으로 이해하지 말고 식의 변화 과정에 있는 중도의 입장에 서야 한다는 것이다.

· **훈습설(熏習說)**: 훈습설은 사람이 변화하는 원리에 대해 설명한다. 사람의 행동은 하나의 원인이 되어 그 사람을 변화시키는 결과를 낳게 된다. 본래 중립적인 사람도 선한 일을 많이 행하면 지혜롭게 변하고, 선하지 못한 일을 행하면 고통스럽게 된다. 따라서 분별하는 식의 존재에서 깨달음을 얻는 지의 존재로 바뀌기 위해서 꾸준한 훈습이 필요하다고 한다.

· **회광반조(廻光反照)**: 회광반조는 마음을 거두어들여 안을 비춘다는 뜻으로 섭심내조(攝心內照) 또는 회심(廻心)으로 표현되기도 한다. 깨달음은 어떤 대상을 연구한다든가, 또는 그에 따르거나 헌신함으로써 이루어지는 것이 아니라, 마음을 거두어들여 안을 비춤으로써 이루어진다. 이때 비추어지는 것은 자신이 경험하는 모든 것이 되며, 결국 경험하

는 모든 것이 사실은 자기의 마음이 만들어 낸 것(一切唯心造)이라는 점을 깨닫는 것이다.

· **불이(不二)의 원리**: 불이란 나를 포함한 세상의 모든 것이 따로 떨어진 것이 아니라 서로 의존해 있음을 말한다. 모든 것들은 연기법에 의해 서로 유기체적인 관련을 맺고 있다. 한 걸음 더 나아가면 세상 모든 것은 개체인 나의 연장으로서 온 우주와 개체는 상호 불가분의 관계에 있다. 따라서 엄격히 말하면 개체로서의 '나'는 존재하지 않는다. 개체와 세계, 개체와 우주는 인과 관계라는 정밀한 그물망으로 얽혀 있는 커다란 하나이므로 나와 너 또는 주체와 객체를 구분하여 분별심을 내는 것은 어리석은 짓이다.

3) 인간 변화의 수준과 단계

· **수행오위론(修行五位論)**: 유식학에서 주장하는 수행의 다섯 단계를 말한다. 자량위(資糧位)는 본격적인 수행을 위한 준비 단계로서 선한 일을 많이 하

여 복과 지혜의 근원을 쌓는 단계, 가행위(加行位)는 깨달음에 대해 이해를 얻는 단계, 통달위(通達位)는 깨달음에 대한 이해에서 한 걸음 더 나아가 좌선과 관찰 수행에 정진하여 일정한 수준에 도달한 단계, 수습위(修習位)는 상식을 초월한 지혜를 얻는 단계, 구경위(究竟位)는 큰 깨달음에 이르러 번뇌의 작용이 완전히 끊어진 단계를 의미한다.

· **십우도(十牛圖)**: 십우도 또는 심우도는 선을 수련하는 과정에서 거쳐가는 수행 단계를 비유적으로 설명하는 열 장의 그림을 말한다. 잃어버린 소(진실한 자아 또는 본래 면목)를 찾아다니다가 결국 발견하여 잘 길들인 다음, 그 등에 타고 집에 오는 과정을 서수행 과정에 비유한 것이다. 이 열 난세는 다음과 같은 순서로 이어진다. 심우(尋牛, 소를 찾는다.) → 견적(見跡, 자취를 찾는다.) → 견우(見牛, 소를 보다.) → 득우(得牛, 소를 얻다.) → 목우(牧牛, 소를 몰고 가다.) → 기우귀가(騎牛歸家, 소를 타고 집에 가다.) → 망우존인(忘牛存人, 소를 잊게 되다.) →

인우구망(人牛俱忘, 사람도 소도 잊어버리다.) → 반
본환원(返本還源, 근본에 돌아오다.) → 입전수수(入
鄽垂手, 큰 지혜, 큰 자비, 큰 방편과의 일체화)

· 7각지(七覺支): 일곱 가지 깨달음의 길을 뜻하는 칠
각지는 37조도품의 하나로 염각지(念覺支), 택법각
지(擇法覺支), 정진각지(精進覺支), 희각지(喜覺支),
기각지, 정각지(定覺支), 사각지(捨覺支)로 구성되
어 있다.

· 사선(四禪): 사선은 선정의 깊이를 단계의 형식을
빌려 설명하는 것으로서 초선, 제2선, 제3선, 제4
선으로 나누어진다. 초선은 선에 갓 입문하여 점
차 선정에 빠져드는 단계로서 선을 통해 기쁨을
느끼고 마음 자체는 편안한데 아직 거칠고 미세한
사유작용이 활동하고 있는 마음의 경지, 제2선은
선정이 깊어짐에 따라 거칠고 미세한 사유작용이
멈추고 안으로 평안과 기쁨을 느끼는 편안한 경
지, 제3선은 기쁨을 느끼는 마음마저 버리고 마음
을 평등하게 함으로써 오히려 몸과 마음에 오묘한

쾌락을 느끼는 경지, 제4선은 제3선의 지극한 쾌
락을 떠나 생각이 청정하게 되고 마음이 평등하게
되어 중도에 머물러 요동하지 않는 경지를 말한다.

4) 상담 목적

· **깨달음**: 깨달음은 불교가 지향하는 궁극 목표의 하
나다. 하지만 깨달음의 내용을 구체적으로 기술하
는 것은 불가능하다. 깨달음은 언어와 개념으로
설명할 수 없으며, 직관적 통찰에 의해 접근할 수
있는 체험적 지혜에 해당하는 것이기 때문이다.
다만 깨달은 사람은 그 어느 것에도 방해받지 않
는 대자유를 향유하며, 순간순간 깨어 인격의 완
전함을 누리는 경지에 있다는 진술은 가능하다.

· **해탈(解脫)**: 온갖 종류의 번뇌와 속박으로부터 벗어
나 편안한 경지에 이르는 일을 해탈이라고 한다.
불교에서 말하는 해탈은 모든 망상과 잡념을 정지
시키는 작용, 연기의 이치를 깨달아 무명과 어리
석음을 퇴치하는 작용 두 가지를 포함한다. 전자

를 선정을 통하여 탐욕을 중지시키는 심해탈, 후
자를 관을 통하여 무명을 소멸시키는 혜해탈이라
고 한다.

· **열반(涅槃)**: 열반 역시 개념적으로 설명할 수 없는
체험적인 경지를 말하는 것으로서 사람의 상상을
초월한 평화로운 상태를 일컫는다. 불교 경전에서
는 열반을 "진정한 진리이며, 최상의 실재이며, 선
이며, 최상의 목적이며, 유일자이며, 삶의 유일한
완성이며, 영원하고 숨겨져 있고 불가사의한 평
화"라고 말한다(부운과 법성, 1983, p. 54). 이 열반
은 마음이 공해짐으로써 주객이 서로 완전히 합하
여 하나된 경지에서 나타난다고 한다. 열반과 해
탈은 때로 같은 의미로 사용되기도 한다.

· **견성(見性)**: 마음의 본래 모습 또는 자신의 본래 진
면목을 깨닫는 것이 견성이다. 견성은 선사상의
핵심을 이루는 것으로서, 부처의 모든 가르침이
바로 이 마음의 본래 모습을 깨닫는 것에 초점을
두고 있다. 선불교에서 말하는 직지인심(直指人

心), 견성성불(見性成佛)은 바로 이 점을 지적한 것이다. 본래 참마음은 사람 안에 완전한 모습으로 갖추어져 있는 것이므로 밖에서 따로 찾을 것이 아니라고 한다.

· **평상심(平常心)**: 인위적인 노력이 가해지지 않은 평상시의 자연스런 마음이 평상심이다. 평상심은 일부러 짐짓 꾸미지 않고, 옳고 그름으로부터 자유로우며, 취사선택에 얽매이지 않고, 평범함과 성스러움을 구분짓지 않는 열려 있는 마음이다. 평상심은 걷고 서고 앉고 눕는 일상적인 행동들, 그리고 상황에 따라 자연스레 움직이는 행동들을 통해 드러난다. 그러나 분별심이 가득한 보통사람들이 무심결에 행하는 움식임을 평상심에 따른 행동이라고 말할 수는 없다. 평상심은 깨달음을 얻은 사람의 무심한 마음을 일컫는다.

· **전식득지(轉識得智)**: 분별(分別)의 식(識)을 깨달음의 지(智)로 바꾸는 일이다. 분별식에 속하는 오식, 의식, 마나식, 아라야식 등 8식이 각각 성소작지,

묘관찰지, 평등성지, 대원경지로 바뀌는 것을 말한다. 성소작지(成所作智)는 만들어야 할 것을 자연스럽게 완성시키는(있는 사실 그대로 감각할 수 있는) 지혜, 묘관찰지(妙觀察智)는 모든 존재의 관련성을 관찰하고 통찰하는 지혜(있는 그대로의 모양을 관찰하는) 지혜, 평등성지(平等性智)는 모든 것을 차별없이 대하는 지혜, 대원경지(大圓鏡智)는 원만하고 큰 깨달음에 이르는 지혜를 말한다.

· **미십중(迷+重)으로부터의 자유**: 미십중은 사람이 괴로움에 빠지는 과정을 10개로 나누어 서술하고 있다. 모든 사람에게는 모두 본각(本覺)의 진심이 있는데, 이것이 불각(不覺), 염기(念起), 견기(見起), 경현(境現), 집법(執法), 집아(執我), 탐진치(貪嗔痴), 조업(造業), 수보(受報)의 과정을 반복해 거치면서 괴로움에서 헤어나지 못한다는 것이다. 미십중의 과정에서 특히 주목할 것은 불각, 법집 그리고 아집이다(윤호균, 1999). 미십중의 악순환이 시작되는 첫 번째 고리인 불각은 이 세상과 자신이 마음

의 작용인지 모르는 것, 법집은 자기 스스로가 만들어 낸 자신과 세계가 허망한 관념의 산물임에도 불구하고 그것들을 고정불변의 실체로 믿고 당연시하는 것, 아집은 관념적 구성물에 불과한 자기를 특별한 존재로 여겨 집착하는 것이다. 미십중으로부터의 자유는 이러한 불각, 법집, 아집으로부터 자유로워짐을 말한다.

5) 상담 과정

· **변의원삼성설(遍依圓三性說)**: 변의원삼성설에는 변계소집성(遍計所執性), 의타기성(依他起性), 원성실성(圓成實性)이 있다. 유식무경설이 주장하듯, 존재하는 것이 식 하나뿐이라고 해서 모든 식이 동일한 성격을 지니는 것은 아니다. 같은 식이라고 해도 이것과 저것의 차이에 집중해서 분별의 세계를 전개하는 분별식을 그냥 '식(識)'이라고 하고, 분별을 초월한 식을 '지(智)'라고 한다. 자기에 대한 집착과 미망으로 이끄는 '분별식'을 변계소집성

이라고 하고, 자·타를 초월하여 깨달음으로 이끄
는 '지'를 원성실성이라고 한다. 의타기성은 존재
하는 모든 것은 반드시 다른 인연을 만나서 생긴
다는 연기 현상을 일컫는다.

· **사성제(四聖諦)**: 사성제는 삼법인의 내용을 보다 구
체화하여 체계화한 것으로서 고·집·멸·도로
구성된다. 고(苦)는 일체가 고통이라는 사실에 대
한 진리, 집(集)은 고의 원인에 대한 진리, 멸(滅)은
고의 멸에 대한 진리, 도(道)는 고의 멸로 인도하는
길에 대한 진리를 말한다. 오온을 가진 모든 생명
현상 자체가 고통과 불행이요, 고통과 불행의 원
천이다. 존재의 이러한 진리에 대해 무지한 사람
들(중생)은 존재에 대한 욕망과 집착을 버리지 못
하고 계속 고통의 업을 쌓아 나간다. 고통을 멸하
려면 욕망을 제거하고 집착을 놓아버려야 하는데,
이는 8정도를 통해서 가능하다는 주장이다.

· **분별심 초월(分別心超越)**: 분별심은 대상을 선과 악,
좋은 것과 싫은 것으로 구분하는 마음을 말한다.

분별심은 두 가지 방향에서 살필 수 있다(김진태, 1997). 하나는 12연기설의 수(受)의 단계에서 외부에서 들어온 정보가 좋다, 싫다, 좋지도 싫지도 않다는 것으로 나누어지는 과정이며, 다른 하나는 본질의 세계에서 현상의 세계로 드러나는 과정에서 좋다, 싫다, 좋지도 싫지도 않다로 나누어지는 과정을 말한다. 전자는 외부로부터 온 정보를 인식 기관이 인식하여 내부로 전달하는 방향에 관심을 둔 것이고, 후자는 내부에 존재하는 마음이 분별심을 통해 외부를 향해 쓰이는 방향에 관심을 둔 것이다. 분별심 초월은 이렇게 구분하는 마음을 벗어남을 뜻한다.

· **집착(執着)과 방하착(放下着)**: 어떤 대상에 마음이 사로잡히고 묶여서 자유롭지 못한 상태가 집착이다. 무엇인가에 집착하면 마음은 융통성을 잃고 경직되어 자연스런 흐름을 잃어버리게 되며, 결국 고통을 초래하게 된다. 집착의 대표적인 내용이 법집과 아집이다. 이 집착을 놓아버리는 것이 방하

착이다.

6) 상담 방법

· **팔정도(八正道)**: 팔정도는 열반에 이르기 위한 방편
으로 불타가 처음부터 강조한 수행법이다. 팔정도
는 정견, 정사유, 정어, 정업, 정명, 정정진, 정념,
정정이다. 정견(正見, 올바른 이해)은 사물을 있는
그대로 보는 것, 정사유(正思惟, 올바른 생각)는 욕
심과 집착을 버리고 사심없이 생각하는 것, 정어
(正語, 올바른 말)는 사실 그대로의 바른 말을 하는
것, 정업(正業, 올바른 행동)은 마음을 청정하게 하
고 행동을 바르게 하며 게을리하지 않는 것, 정명
(正命, 올바른 직업)은 올바른 이해에 어울리는 뜻
을 품고 말과 행동을 일치시키는 바른 생활을 하
는 것, 정정진(正精進, 올바른 노력)은 선한 마음을
키우고 악한 마음을 제거하려고 끊임없이 노력하
는 것, 정념(正念, 올바른 알아차림)은 몸과 마음의
상태에 주의를 기울이고 변화의 순간순간을 알아

차리는 것, 정정(正定, 올바른 집중)은 선정이라고
도 하는 것으로 마음이 한 가지 대상에 집중하여
고요하면서도 평화로운 삼매의 상태에 든 것을 말
한다.

· **참선(參禪)**: 참선은 자신의 참마음(진면목 또는 본래
성품)을 깨달아 대자유인(부처)이 되는 것을 목적으
로 삼는다. 자신의 마음을 깨닫기 위한 참선 공부
는 직접 체험으로 느끼고 자각하는 과정에 해당한
다. 따라서 문자와 언어에 의지한 가르침과 배움은
참선 공부에 별 도움이 안 된다. 참마음의 세계를
깨닫기 위해서는 문자와 언어로 이루어진 분별의
세계를 초월하여 자신 내부에 가능성으로 존재하
고 있는 내사유인 속으로 식섭 뛰어들어야 한다.
선을 수행하는 방법에 묵조선과 간화선이 있다.
묵조선(默照禪)은 지관법 또는 사념처관법을 사용
하여 자신에게 일어나는 현상들을 묵묵하게 비추
고 관찰하는 방법을 말한다. 일어나는 현상에 자
기를 개입시키지 않고, 다만 주의를 집중해 바라

보고 지켜볼 따름이다. 간화선(看話禪, 화두선)은 섣불리 해답을 찾으려 하지 않고 화두에 온 정신을 쏟아 의심을 더해 가는 방법이다. 의심이 깊어져 화두를 잡은 자신 자체가 의심의 덩어리로 화할 때 어느 순간 화두가 풀어지면서 깨달음에 이를 수 있다고 한다.

· 오정심관(五停心觀): 오정심관은 인도 불교의 명상 방법 다섯 가지를 말한다. 호흡의 숨을 세는 것에 의해서 마음을 통일하며, 흐트러진 마음의 혼란을 제어하는 수식관(數息觀), 시체의 부정함을 관찰하거나 항상 마음에 그 변화의 상태를 생각해 내는 것에 의해서 탐욕의 마음이 높아지는 것을 억제하는 부정관(不淨觀), 아름답고 우아한 것을 관찰하고 항상 자비로운 마음을 품어 노여운 마음이 올라오는 것을 억제하는 자비관(慈悲觀), 모든 존재가 인연에 의해 성립된다는 것을 관찰하여 선입견과 편견을 버리고 올바른 깨달음에 도달하는 인연관(因緣觀), 부처님의 모습을 관찰하고 그 이름을

외움으로써 깨끗하고 편안한 심경에 이르려고 하는 염불관(念佛觀) 등이 그것이다.

· **육바라밀(六波羅蜜):** 바라밀은 깨달음을 돕기 위한 수단과 방법을 뜻하는 것으로 여섯 가지 실천 방법, 즉 보시, 지계, 인욕, 정진, 선정, 지혜를 포함한다. 집착하는 마음 없이 자신의 것을 내어 주고 베푸는 것이 보시다. 보시(布施)에는 상대방에게 물질을 제공하는 재보시(財布施), 진리를 전하는 법보시(法布施), 상대방의 마음을 기쁘고 평안케 해 주는 무외보시(無畏布施)가 있다. 지계(持戒)는 정해진 계율을 지켜 나가는 것이며, 인욕(忍辱)은 욕됨이나 싫은 것을 참는 것이고, 정진(精進)은 수행하는 마음이 나태해져 후퇴하지 않도록 능동적이고 긍정적인 태도를 갖는 것이며, 선정(禪定)은 자세를 취하고 마음을 한데 모아 조용히 집중하는 것이며, 지혜는 보통의 분별적인 지혜가 아니라 공 또는 무에 대한 지혜를 스스로 터득하는 것으로서 정교한 관찰을 통해 얻어질 수 있는 것이다.

· **삼륜청정(三輪淸淨)**: 보시라는 말 속에는 보시를 제
공하는 자(施者), 보시를 받는 자(受者), 보시되는
물건(施物) 세 가지가 포함되는데, 이를 통털어 삼
륜이라고 한다. 올바른 보시는 이 삼자에 대한 분
별이 베풀어질 때 가능한데, 이를 청정이라고 한
다. 따라서 주는 자, 받는 자, 전해지는 물건에 대
한 구분이나 차별이 없이 자연스런 연기의 법칙에
따라 보시가 이루어질 때 진정한 삼륜청정이 이루
어진다. 이 개념에 의하면, 만일 보시하는 자가 자
신의 베푸는 행위에 대해 의식하고 이를 자랑한다
면 보시는 없는 것이나 다름없다.

· **사섭법(四攝法)**: 사섭법은 고통스럽게 살아가는 사
람들을 구제하기 위하여 부처님이 제시한 네 가지
방법으로서 보시(布施), 애어(愛語), 이행(利行), 동
사섭(同事攝)을 말한다. 보시는 앞에서 말한 바 있
고, 애어는 자비로운 마음을 가지고 부드럽고 따
뜻하게 상대방을 위로하는 말을 뜻하며, 이행은
자신의 이익을 챙기기에 앞서 다른 사람을 위하는

이타적인 행동을 일으키는 것을, 동사섭은 다른 사람들과 더불어 함께 일하고 고락과 화복을 같이 하는 협동 행동을 말한다. 사섭법과 유사한 것으로 사무량심(四無量心)이라는 것도 있다.

· 37조도품(助道品): 원시불교에서는 깨달음을 얻는 데 도움을 주는 수행법으로 7과(科) 37조도품을 들고 있다. 37조도품은 사념처(四念處), 사정단(四正斷), 사여의족(四如意足), 오근(五根), 오력(五力), 칠각지(七覺支), 팔정도(八正道) 등 총 7개 유목 37가지 수행 항목을 말한다. 이 7개 수행 유목들은 각기 체계화된 수행 방법을 담고 있어서 이것만으로 수행법이 완결되는 경우도 많다. 기억이 존재하는 곳을 뜻하는 사념처는 신념처(몸), 수념처(느낌), 심념처(마음), 법념처(법)로, 네 가지 바르게 끊을 것을 뜻하는 사정단은 율의단(律儀斷), 단단(斷斷), 수호단(隨護斷), 수단(修斷)으로, 네 가지 선정을 닦아 만족하게 됨을 뜻하는 사여의족은 욕여의족(欲如意足), 정진여의족(精進如意足), 염여의족(念

如意足), 사유여의족(思惟如意足)으로, 다섯 가지를 자유롭게 감지하고 발현시키는 능력을 뜻하는 오근은 신근(信根), 정진근(精進根), 염근(念根), 정근(定根), 혜근(慧根)으로, 오근의 수행 결과 얻게 되는 다섯 가지 자유로운 능력을 뜻하는 오력은 신력(信力), 정진력(精進力), 염력(念力), 정력(定力), 혜력(慧力)으로, 일곱 가지 깨달음의 길을 뜻하는 칠각지는 염각지, 택법각지, 정진각지, 희각지, 기각지, 정각지, 사각지로, 팔정도는 정견, 정사유, 정어, 정법, 정명, 정정진, 정념, 정정으로 각각 구성되어 있다.

· 교화법(教化法): 사람들을 교화하는 부처의 방식은 크게 셋으로 나눌 수 있다. 여러 가지 신통력을 나타내어 믿지 않는 사람들로 하여금 그것을 보고 믿게 하는 신족교화법(神足教化法), 상대방의 특성(근기)에 맞추어 적절한 비유를 하거나 문답을 동원하는 언어교화법(言語教化法), 훈계와 설교를 통해 지도하는 훈회교화법(訓誨教化法)이 이에 해당

한다.

· 12연기의 역관(逆觀): 생로병사의 고통에 도달하게
하는 12연기의 과정을 마지막 단계인 생로병사의
단계에서 처음 단계인 무명까지 거꾸로 관찰하며
깨달아 가는 과정을 말한다. 생로병사는 자신의
감정(愛)과 욕망(取)에서 비롯되는 것이고, 감정과
욕망은 잘못된 지각(識)에서 비롯되는 것이며, 결
국 이것들은 어리석음(無明)에서 비롯됨을 하나씩
깨달아 가는 것이다. 이렇게 마음의 뿌리를 밝혀
나가면 괴로움을 벗어나 평정한 마음 상태(열반)에
도달할 수 있다고 한다.

· 사념처관(四念處觀): 8정도에 속하는 정념을 수련하
기 위한 대표적 방법의 하나에 사념처관이 있다.
사념처관은 몸, 느낌, 마음, 법 네 가지에 주의를
집중하여 그곳에서 일어나는 현상 또는 경험하는
현상을 있는 그대로 관찰하는 것을 말한다. 이 네
곳에서 어떤 현상이 일어나고(生) 지속되고(住) 변
화하고(異) 사라지는(滅)지 놓치지 않고 지켜보는

것이다. 사념처관을 수행할 때는 일어나는 현상에 일체 개입하려 하지 말고, 가능하면 객관적인 자세를 가지고 주의를 집중하여야 한다. 이 과정을 통해 삼법인, 즉 영원히 지속되는 것도 없고 자기라고 주장할 만한 것도 없으며, 일체가 고통이라는 사실을 깨닫게 된다.

· **삼학(三學)**: 삼학은 계, 정, 혜를 말한다. 계(戒)는 자기중심적인 감정과 욕망을 자제하고 모든 생명체에 사랑과 자비를 베푸는 것, 정(定)은 정신 수련을 통해 안정되고 평화로운 마음을 유지하는 것, 혜(慧)는 집착에서 벗어나 대상 세계를 있는 그대로 보는 것을 말한다. 8정도 중 정어, 정업, 정명은 계를, 정정진, 정념, 정정은 정을, 정견과 정사유는 혜를 닦는 데 도움이 된다.

· **선문답(禪問答)**: 선문답은 삶에 대한 본질적인 문제를 체험적으로 이해할 수 있도록 돕기 위해 계발된 대화 방편의 하나다. 오늘날 선문답이라고 하면 무엇인지 이해할 수 없는 대화라는 뜻으로 인

식되고 있지만, 원래 선문답은 생활 속에서 사람들의 삶을 이끄는 살아 있는 대화로서 출발하였다. 선문답에서 전개되는 대화에는 역설, 반대의 초월, 모순, 긍정, 반복, 외침 등의 방법이 들어 있다. '개에게도 불성이 있습니까?' 라는 질문에 한 번은 '있다' 한 번은 '없다' 라고 대답한 조주 선사의 반응은 선문답의 대표적인 예에 해당한다.

· 공안(公安) 또는 화두(話頭): 공안은 원래 관공서의 결재서류라는 말에서 유래되어 선사와 선사 또는 선사와 그 제자 사이의 선문답을 뜻하는 말로 사용되어 왔다. 공안은 배우는 사람으로 하여금 분별에 입각한 지적 이해와 사고를 하지 못하도록 궁지에 빠뜨리고, 결국 논리를 초월하여 깨달음에 이르게 하려는 방법이다. 이런 면에서 공안은 배우는 이로 하여금 더 이상 앞으로 나아가지 못하게 하는 장애물의 역할을 한다고 볼 수 있다. 공안 대신 화두라는 말이 쓰이기도 하는데, 화두(話頭)의 화는 말이라는 뜻이며, 두는 특별한 의미없이

붙어 있는 접미사에 해당한다. 간화선은 바로 이 공안을 중심으로 전개되는 수행 방법이다. 공안의 대표적인 예는 다음과 같다.

· **지관법(止觀法)**: 참선을 수행하는 방법에는 크게 지와 관 두 가지가 있다. 지는 한가한 곳에 있으면서 정신을 집중하고 마음을 통일하는 것이다. 이 방법은 외계에 대상을 두고 그것에 마음을 집중해서 깊은 고요함과 지극한 평안에 이르도록 수련하는 것이다. 지가 깊어지고 완성되면 나와 대상 사이의 분별이 사라지고 깊은 고요함 속으로 들어가게 된다. 그러나 깊은 고요함 속에 머물다보면 마음이 침체되어버릴 염려가 있다. 여기에 필요한 것이 관이다. 관은 주의를 집중하여 어떤 대상 또는 일어나는 현상을 주의 깊게 관찰하는 것이다. 이 관찰을 통해서 마음의 본성에 대한 통찰을 얻고 깨달음에 도달할 수 있다고 한다. 지는 집중 명상, 관은 관찰 명상이라고 말할 수도 있다. 지는 사마타, 관은 위빠사나에 해당한다.

· **사마타**: 사마타는 고도의 정신 집중을 통해 도달하는 고요와 평안을 뜻한다. 이는 하나의 대상을 겨냥하여 마음을 집중함으로써 이루어진다. 집중의 정도에 따라 사마타는 시작하는 삼매, 잠정적 삼매, 접근적 삼매, 고도의 장기적인 삼매로 다시 나눌 수 있다. 사마타가 깊어지면 마음속에 말로 표현하기 어려운 평온과 환희를 느낄 수 있지만, 사마타의 집중력 자체가 깨달음을 가져오는 것은 아니다. 여기에 위빠사나 수행이 필요하다. 사마타는 지관법이라고 할 때의 지에 해당한다.

· **위빠사나**: 위빠사나는 '꿰뚫어 봄'을 뜻한다. 현상의 본질을 직관적인 지혜와 통찰로 깨닫는 것이다. 위빠사나 수련은 다른 날로 시혜 수련 또는 관법이라고 표현되기도 한다. 여기서 지혜는 삼법인, 즉 몸과 마음이 일시적인 것에 불과하고 삶은 고통스러운 것이며, '나'라는 것은 없다는 사실에 대한 깨달음이다. 위빠사나 깨달음은 4념처관을 통해서 이룰 수 있다. 존재의 네 방면에서 일어나

는 현상들을 놓치지 않고 세밀히 관찰하고 알아차
려 나가면 어느 순간 깨달음에 도달할 수 있다.

3. 선행 연구들에서 발견되는 불교 상담의 특성

필자는 불교 상담에 관한 연구물을 검토하면서 불교
상담에 다른 상담이나 심리치료에서 찾아볼 수 없는
독특한 특징이 들어 있음을 알 수 있었다. 불교 상담의
이 같은 고유한 특징들을 갈고 다듬어 상담학 속으로
편입시키면 상담학에 커다란 발전이 있으리라고 기대
된다.

여기에서는 불교 상담의 특색을 드러낸다고 여겨지
는 몇 가지 요소들을 살펴볼 것이다. 이 요소들은 불교
상담에 대한 선행 연구들 이곳저곳에서 간략하게 언급
되고 있는 내용을 한데 모으고 여기에 필자의 해석을
덧붙인 것이다. 앞으로 불교상담학에서 체계화해야 할

주요 요소들이다.

1) 인격 상담

불교 상담을 논하고 있는 연구들이 거의 예외없이 강조하고 있는 용어가 '인격'이다. 불교 상담은 인격의 성장과 완성을 목적으로 삼는다는 표현은 거의 모든 연구물에서 발견할 수 있다. 인격의 성장과 완성은 불교 상담과 심리치료의 차이에 대해 논할 때도 어김없이 등장한다. 심리치료가 심리적 문제를 치료하는 데 관심을 둔다면, 불교 상담은 심리치료를 포함하여 인격의 성장에도 기여한다는 것이다. 그렇기 때문에 불교 상담과 심리치료는 상호 보완적이라고 지적한다. 사람들의 정신 장애와 갈등을 해결하고 보다 통정된 인격으로 살아가도록 돕기 위해서 불교 상담과 심리치료가 상호 협조해야 한다는 말이다.

인격은 상담의 목적으로서뿐 아니라 상담의 과정에서도 중요하게 여겨진다. 상담자와 청담자의 관계가 인격적으로 구성되어야 하고, 상담자는 청담자를 인격적으로 존중해야 한다는 것이다. 불교상담자는 청담자를 해결해야 할 문제의 소유자가 아니라, 보다 완성된 인격을 지향하는 일종의 수행자로 여긴다. 이 수행의 과정에서 청담자는 상담자에게 거의 절대적으로 순종할 필요가 있다(서광, 1993). 청담자가 상담자에 대해 일체감을 느끼고 신뢰심과 존경심을 바탕으로 수용적이며 순종적인 태도를 갖추고 있어야 온갖 수행의 과정을 거친 상담자의 체험이 청담자에게 도움이 될 수 있기 때문이다. 그렇다고 해서 상담자가 청담자를 함부로 대하고 그의 인격을 무시한다면 바로 그 순간 상담 관계는 종결되고 만다. 청담자의 인격을 무시하는 상담자의 행동은 불교적 상담 관계의 토대를 파괴하는 행위에 다름 아니다.

불교 상담 관계를 인격적으로 승화시키기 위해서 중요한 것이 바로 불교상담자의 통합된 인격이다. 불교 상담의 범위 안에서 상담자는 청담자가 걸어야 할 길을 먼저 걸어 본 사람에 해당한다. 그는 불교 상담의 각종 수행 과정에 대한 훈련을 쌓아 왔을 뿐 아니라,

그 결과 스스로 통정된 인격을 갖춘 사람이다. 상담자의 이러한 인격은 상담의 과정을 통해서 자연스레 흘러나오게 되는데, 바로 이것이 청담자가 도달하기 위해 노력하는 상담의 목적이 되기도 한다(윤호균, 1999).

이렇게 보면 선행 연구들은 불교 상담의 전 과정에서 인격을 중시하고 있음을 알 수 있다. 불교 상담은 인격학이라고 말해도 지나치지 않을 정도다. 상담의 목적, 상담의 과정, 상담 관계, 상담자의 자질 등 곳곳에 '인격'이 등장하는 것은 이런 인식을 잘 반영한다. 다만 그 인격의 내용 그리고 인격적 관계의 특성, 상담자의 역할 등이 구체적으로 무엇을 의미하는 것인지, 상담에 어떤 효과를 가져오는지에 대해서 앞으로 보다 상세한 연구와 논의가 필요하다.

2) 욕구 초탈 상담

흔히 인간의 욕구에 대처하는 방식에서 동・서양 간에 커다란 차이가 있다고 말한다. 서양은 욕구를 충족시키고 이를 확대하는 방향으로 발전하였다면, 동양은

욕구를 제거하고 이를 축소하는 방향으로 발전하였다
는 주장이다. 동·서양이라는 지역적 구분이 정확하다
고 말할 수는 없지만 대체로 틀린 주장은 아니라고 본
다. 선행 연구들이 중시한 불교적 상담 요소들을 분석
한 결과 역시 앞의 주장과 크게 다르지 않다.

　불교 상담에서는 욕구를 충족의 대상이 아니라 제거
의 대상으로 여기고 있다. 불교에서는 인간의 욕구가
현상 세계에 대한 분별심에서 나오는 것으로 보는데,
이 분별심 자체를 오류가 가득한 왜곡된 지각이라고
해석한다. 분별심은 어리석음 때문에 있지도 않은
'나'라는 실체를 상정하게 하고 거기에서 나오는 욕구
에 집착하도록 유도하는데, 이 같은 무명의 상태를 벗
어나는 것, 다시 말하면 '나'라고 여기는 마음과 그 속
에 있는 욕구를 제거하는 것이 바로 불교의 중요한 목
표 중 하나다(이장호, 1990; 김진태, 1997). 불교 상담은
이처럼 마음이 공허함을 깨달아 허망한 욕구에서 벗어
나도록 하는 과정에 도움을 주는 활동으로 정의된다.
물론 불교 상담이 불교처럼 개인의 욕구를 일체 배제

하는 경지를 목표로 삼는 것은 아니지만, 욕구 충족이 아니라 욕구 감소를 지향하는 것은 분명하다. 선행 연구들이 중시하고 있는 불교의 상담 요소들 속에서도 욕구에 대한 불교상담적 태도를 쉽게 찾아볼 수 있다. 특히 앞에서 분류한 인간관과 세계관, 상담 과정, 상담 방법에는 개인의 욕구를 제거하거나 초월하는 내용들이 많이 담겨 있다.

　욕구 충족 대신 욕구 제거를 상담의 목표로 삼게 되면 상담의 구체적 전개 과정이 매우 다른 양상을 띠게 된다. 청담자의 욕구가 무엇인지 발견해 내고 이를 해소하기 위한 다양한 통로를 찾는 대신, 욕구의 근본을 파헤쳐 그 허망함을 통찰함으로써 욕구의 노예가 되지 않도록 하는 일이 상담의 실제 과정을 구성할 것이다. 따라서 불교 상담의 실제는 여타 다른 상담이나 심리 치료와 뚜렷하게 차별화된 모습을 보이리라는 예상을 할 수 있다.

3) 마음 상담

불교는 마음의 종교라고 할 정도로 마음의 문제를 깊이 파고든다. 아마 불교처럼 마음을 깊이 파고든 종교도 드물 것이다. 특히 유식학에서는 마음의 구조와 작용에 대해서 상세히 분석하고 있다(오까야 모리노(일진 역), 1992). 인간의 정신에 대한 서구의 예리한 분석이 무색할 정도로 유식학은 마음의 세계를 철저히 해부한다. 불교 상담에서도 사정은 다르지 않다. 불교 상담이 궁극적으로 다루는 것도 다름 아닌 마음이다. 그런데 불교에서 보는 마음은 존재의 본질로 인도하는 통로이면서 동시에 참본질로 가는 길을 가로막는 장애물이기도 하다. 따라서 한편으로 마음의 구조와 기능을 잘 다스려 나가고, 다른 한편으로 마음을 초극하여 참본성에 도달하는 것이 불교적 수련 또는 불교 상담의 목표다. 따라서 불교 상담은 으레 마음의 문제에 초점을 둘 수밖에 없다. 불교 상담에 관한 선행 연구들이 한결같이 마음의 구조와 기능을 설명하고 있는 것은 이 같은 이유가 있기 때문이다.

앞에서도 말했지만, 불교 또는 불교 상담에서 정리한 마음의 개념은 상당히 정교하다. 마음을 8식 또는 10식으로 분류하고 각 마음의 작용과 기능 그리고 이들간의 상호작용에 대해 철저히 분석해놓은 유식학은 그 자체가 상담 이론이라고 할 정도로 고도의 체계화된 논리적 구조를 담고 있다. 따라서 유식학을 포함하여 마음에 대한 불교의 논의를 종합 정리하고 상담학적으로 해석해놓는 작업은 불교 상담의 정립을 위해 매우 중요하다고 여겨진다. 부분적으로 선행 연구들이 이런 노력을 시도하고 있지만(이상구, 1987; 강종구, 1999; 박성희, 2001) 아직 미흡한 형편이다. 불교의 마음을 제대로 정리하여 드러내는 일은 곧바로 불교 상담의 고유성을 확보하는 중요한 계기가 될 수 있을 것이다.

4) 깨달음을 향한 성장 상담

불교 상담의 목적은 청담자가 호소하는 문제의 해결에서 그치지 않는다. 궁극적으로 청담자 내부에 있는 마음의 본성 또는 대자유인을 깨워 일으키는 데에 불교 상담의 목표가 있다. 따라서 이 수준에 도달할 때까지 불교 상담은 지속된다. 그렇다고 해서 깨달음이 곧바로 불교 상담의 종착역이 되는 것은 아니다. 깨달음의 단계에 도달하면 새롭게 지향해야 할 목표가 또다시 등장하게 되는데, 이와 더불어 불교 상담 역시 끝없이 이어진다. 이런 점에서 불교 상담은 사람의 생애 끝까지 이어지는 평생 상담의 특성을 갖추고 있다.

지금까지 상담 또는 심리치료는 문제 또는 과제 지향의 특성을 가지고 있었다. 살아가는 동안 어떤 '문제'가 생기면 이를 해결하기 위한 심리치료 활동이 시작되고, 문제의 해결과 더불어 심리치료 활동도 종료된다. 물론 추수 상담의 과정이 남아 있기는 하지만, 이는 해결했던 문제의 재발을 방지하기 위한 장치에 불과하다. 이에 비해 불교 상담은 기존의 상담과 심리치료가 가지고 있는 문제지향성과 한시성을 동시에 넘어서는 혁신적인 사상을 담고 있다. 사람의 인생을 깨달음을 향한 끝없는 성장 과정으로 간주하고 이의 실현을 돕는 활동을 불교 상담이라고 정의함으로써, 생애 전체를 상담의 과정에 편입시키고 삶의 과정과 상담을 하나로 연결한 것이다. 따라서 불교 상담은 사람들의 일상생활 곳곳에 개입해 들어갈 여지를 만들어놓았다. 그동안 상담 또는 심리치료와 개인의 일상생활 사이에 가로놓여 있던 벽이 불교 상담에서는 아주 간단하게 허물어지고 있다. 이런 점에서 특정한 '문제' 안에 닫힌 상담이 아니라 사람들의 삶 전반을 향해 열려 있는 상담으로 상담의 개념을 전환시키는 데 불교 상담은 중요한 공헌을 할 것이라 기대된다.

선행 연구들이 불교에 담겨 있는 상담적 요소를 특별한 '문제'를 치료하는 수단이 아니라 삶의 태도와 철학의 차원에서 논의한 것은 이런 점에서 매우 타당해 보인다(박영동, 1989; 서광, 1993; 김진태, 1997; 강종구, 1999)

5) 체험 상담

불교 상담에서 체험은 더할 나위 없이 중요하다. 깨

달음을 향해 나가는 과정 하나하나가 사실은 체험의 과정이다. 불교 상담에서 청담자는 이 체험의 과정에 참여하는 제자이고, 상담자는 자신의 체험을 바탕으로 청담자의 체험을 안내하는 스승에 해당한다. 따라서 체험이 빠진 불교 상담은 쓸데없는 헛공론에 떨어진다. 불교의 상담 요소 가운데 상담 방법과 관련된 내용들은 한결같이 체험을 전제로 하고 있다. 참선, 팔정도법, 오정심관, 지관법 등은 모두 개인이 자기 수행을 통해 참여해야 그 맛과 효과를 알 수 있는 체험 방법들이다. 불교상담자는 청담자를 이 체험의 과정 속으로 안내한다. 체험의 과정을 안내하는 불교상담자는 청담자에 앞서서 이 체험의 과정을 통과한 선지식(先知識)이다. 선지식으로서의 불교상담자는 청담자의 수행 과정에서 일어날 수 있는 다양한 장애와 함정 그리고 청담자가 거쳐갈 체험의 단계에 대해 잘 알고 있을 뿐 아니라 이에 적절한 대응을 할 수 있는 사람이다(박영동, 1989; 김열권, 1993). 청담자 역시 이 체험의 과정에 참여하면서 자기 속에 일어나는 결과를 스스로 점검할 수 있는 기회를 가진다. 따라서 청담자는 체험에 참여하면서 자기 체험 내용에 대한 내적·외적 타당성을 언제든 확인할 수 있다. 이렇게 불교 상담에서 체험은 중요한 자리를 차지한다.

심리치료를 하기 위해 치료자의 체험 지식이 반드시 요구되는 것은 아니다. 우울증을 치료하는 치료자가 반드시 우울증에 걸렸다가 그로부터 회복한 경험을 가진 사람일 필요는 없다. 우울증에 대한 체험 지식이 전혀 없는 치료자라도 우울증이 발생하는 원리와 그에 대한 치료 기법을 배웠다면 우울증 치료에 임하는 데 큰 지장이 없다. 불교상담자는 이와 처지가 다르다. 호흡에 마음을 집중시키는 수식관을 가르치는 불교상담자는 스스로 혼란스런 마음을 수식관을 통해 가라앉혀 본 경험이 있어야 하며, 아울러 수식관의 원리와 수행 방법을 가르치는 데 익숙한 사람이라야 한다.

어쨌든 상담자와 청담자 모두에게 체험의 중요성이 요구된다는 점에서 불교 상담이 여타 심리치료와 구분되는 또 하나의 특색을 가지고 있다는 점은 분명하다.

6) 단계 상담

불교 상담은 체험을 다루는 상담이라서 그런지 체험의 수준과 경지에 대한 언급이 많다. 선행 연구들이 상담 요소로 분류한 내용들 중 특히 변의원삼성설, 수행오위론, 십우도, 사선 등에는 단계의 개념이 들어 있다. 이 단계는 청담자의 자기 수행이 깊어짐에 따라 경험하게 되는 체험의 과정을 의미하며, 동시에 각 단계에서 필요한 상담의 내용이 무엇인가를 보여 주기도 한다. 예컨대 변계소집성, 의타기성, 원성실성으로 구성된 변의원삼성설에서 변계소집성에 속한 청담자는 아직 '나'에 대한 자기 집착에서 벗어나지 못하는 단계에 속해 있는 상태다. 이 상태에 속한 청담자에게는 '나'가 실체로 존재하는 것이 아니라 습관화된 자기중심성을 향한 어리석은 집착에 불과하다는 사실을 깨닫게 할 필요가 있다. '나'에 대한 집착을 벗어나지 못한 청담자에게 의타기성에 입각한 보시를 요구한다면 받아들이기 어려울 것이다. 이처럼 단계의 개념에는 진단의 기능과 처방의 기능이 함께 들어 있다. 따라서 불교상담자는 상담의 과정에 단계의 개념을 적절히 활용할 필요가 있다.

일찍이 부처는 사람들에게 설법을 할 때 개별화 기법을 사용하였다. 사람들의 개성과 역량에 맞추어 설법을 한다는 대기설(對機說)이 바로 그것이다. 아무리 좋은 내용의 설법이라도 들을 준비가 되어 있지 않은 사람에게는 별 영향을 줄 수 없다. 그렇다고 상대가 들을 준비를 완료할 때까지 마냥 기다릴 수도 없는 일이다. 그렇다면 차라리 설법하고자 하는 사람이 상대방의 관심과 흥미를 유발하는 방법을 사용하는 것이 현명하다(회산계현(연관), 1993; 이광준, 1974). 그러기 위해서 상대방의 처지, 관심, 체험의 수준과 경지 등을 민감하게 읽어 낼 필요가 있다. 불교 상담은 이 대기설의 정신을 일종의 단계 상담으로 이어받고 있다고 해석된다.

단계설은 다시 불교 상담이 어떤 '문제'나 과제를 해결함으로써 종결되는 것이 아님을 보여 준다. 하나의 과제 해결은 또 다른 과제를 불러일으키고, 이 과제

의 해결은 또 새로운 과제를 불러일으키는 순환의 과
정을 계속한다. 마음의 본성을 깨달아 대자유인의 경
지에 이르기까지 불교 상담은 나선형의 발전 과정을
이루며 지속될 것이다.

7) 자기 수행 상담

불교 상담이 일반 상담과 다른 점의 하나는 청담자
의 자기 수행이 매우 강조된다는 점이다. 불교 상담에
서 상담자는 청담자의 문제를 해결해 주는 치료자의
역할을 하지 않는다. 다만 청담자가 갈 길을 안내하고
그 길을 갈 때 필요한 정보를 자신의 수행 체험에 비추
어 제공할 따름이다. 실제로 이 길을 택하여 가는 것은
청담자에게 달려 있다. 비유하면 상담자는 달을 가리
키는 손가락이고, 청담자는 달을 찾는 수행자에 해당
한다. 손가락이 달은 아니지만 달을 가리키고 있다는
점에서 수행자에게 중요한 방향지기 역할을 한다. 그
러나 달을 찾는 것은 결국 수행자 자신에게 달려 있다.
불교 상담에서도 마찬가지다. 청담자는 자신의 상담

과제를 자기 수행을 통하여 직접 해결해 나가야 한다. 상담자는 이따금 청담자의 수행 과정을 점검하고 필요한 정보를 제시하는 역할을 담당할 따름이다.

이런 점에서 불교 상담에서 상담자-청담자의 관계는 여타 상담에서의 관계와 사뭇 다른 특징을 갖는다. 만일 청담자가 상담자-청담자의 관계에 큰 기대를 걸고 상담자에게 의존하는 태도를 취하면 이런 상담은 성공할 확률이 매우 낮다. 상담자는 청담자의 전이 대상 또는 저항 대상이 아니다. 상담자는 청담자의 수행을 안내하는 일종의 지도자다. 따라서 청담자는 상담 관계에 많은 기대를 하지 말고 자신이 해결, 성취하고자 하는 상담 목표를 향하여 능동적인 자세로 임하여야 한다(이춘회, 1997; 김보경, 2001). 아울러 상담자를 자기 수행 과정에서 활용 가능한 풍부한 정보의 자원으로 간주해야 한다. 상담자-청담자가 만나는 면담 시간은 대부분 청담자가 수행 과정에서 체험한 내용을 기술하고 상담자가 그에 대해 점검하는 내용으로 구성된다. 따라서 상담 관계에서 무엇인가를 찾아내고 이를 상담 화제로 삼는 대부분의 상담과 매우 다른 양상을 띠고 전개될 것이다. 상담 내용은 아주 구체적인 체험 지식에 대해 다룰 것이고 상담 시간 역시 짧고 간단하게 끝날 가능성이 높다. 이렇게 보면 불교 상담에서 상담자−청담자의 관계는 스승−제자의 관계와 매우 유사하다. 결국 불교 상담은 청담자로 하여금 스스로 자기 상담을 할 수 있는 역량을 키워 주는 상담이라고 볼 수 있다. 불교 상담에서 구성되는 상담 관계의 독특성이라고 말할 수 있는 부분이다.

8) 개인과 사회의 조화

심리치료의 커다란 고민 중의 하나는 개인의 정신건강과 사회·윤리적인 규범을 양립시키기 어려울 때가 많다는 점이다. 개인의 행복과 안녕을 추구하다보면 불가불 사회적인 규범과 윤리·도덕적인 요구를 무시하게 되고, 사회를 앞세우다보면 개인의 행복과 안녕이 무시되는 경우가 종종 있다. 이런 경우 심리치료는 사회·윤리적인 규범이 아니라 개인 편에 선다. 개인이 정신적으로 건강해지면 결과적으로 바람직한 사회 생활이 가능하다고 보기 때문이다. 그러나 심리치료의 이런 가정이 만족되지 못하고 개인의 가치와 사회의 가치가 충돌하여 상담자를 당황하게 하는 사태가 심심치 않게 발생한다.

선행 연구들이 논의한 불교 상담에는 개인과 사회의 대립이 없다. 개인과 사회는 둘로 나누어진 대립적인 존재가 아니라 커다란 하나에 묶여 있는 같은 것이라고 상정된다. 본질적으로 '나'는 '너'를 바탕으로 존재하고, '너'도 '나'가 있기 때문에 존재한다. 이렇듯 나와 너, 주관과 객관, 개인과 사회는 서로가 서로에 의존해서 구성되는 존재들이므로 본질상 둘이 아니라 하나라는 개념이 성립된다. 이 커다란 하나 속에서 개인의 행동은 필연적으로 사회·윤리의 요구에 부합하게 된다. 선행 연구들이 중요한 수행법으로 들고 있는 삼륜청정, 타리행이 자리행이라는 개념(타인을 위한 행동이 바로 자기를 위한 행동이라는 개념), 업보설과 훈습설(강종구, 1999) 등은 모두 개인과 사회가 상호 연관되어 있는 조화로운 관계라는 측면을 잘 지적하고 있다.
이런 점에서 불교 상담은 뛰어난 사회성과 윤리성을
그 안에 담지하고 있다.

4

선행 연구들에서 발견되는
문제점과 불교상담학의 과제

불교 상담과 관련된 선행 연구들을 개괄하면서 필자는 다음 몇 가지를 개선되어야 할 문제점으로 느꼈다. 아울러 불교상담학을 정립하기 위해서는 이 문제들을 해결하려는 치열한 노력이 뒤따라야 한다고 생각하였다.

먼저 상담에 대한 분명한 개념 정의가 필요하다. 대부분의 선행 연구들이 상담과 심리치료에 대한 뚜렷한 개념 구분 없이 논의를 전개하고 있다. 상담이 사람들의 변화에 도움을 주는 과정이라면, 심리치료는 사람의 정신에 심각한 문제가 발생했을 때 이를 교정하고

치료하는 전문 기술이다. 심리치료는 상담 활동이 적용되는 영역의 하나이고, 상담은 심리치료가 활용하는 하나의 수단에 해당한다. 그렇다면 우리가 불교 상담이라고 말할 때 이것은 상담을 뜻하는 것일까? 아니면 심리치료를 뜻하는 것일까? 만일 상담이라고 한다면 불교 상담은 사람들의 변화에 도움을 주는 과정이라고 해석되어야 하며, 심리치료라고 한다면 불교 상담은 사람들의 왜곡된 정신을 치료하는 전문 기술이라고 해석되어야 한다. 과연 어떤 것이 옳은 해석일까?

불교적인 상담의 결과가 때로 사람들의 심리를 치료하는 효과를 가져올 수 있다. 그렇다고 해서 불교 상담이 곧바로 심리치료라고 말할 수는 없다. 불교 상담은 불교에 뿌리를 두고 있으며, 기본적으로 불교의 철학관, 인간관, 세계관과 분리될 수 없다. 불교 상담이 심리치료의 효과를 가져오는 것은 바로 그 속에 담겨 있는 불교적인 철학관, 인간관, 세계관이 있기에 가능하다. 따라서 불교 상담은 심리치료로 환원될 수 없으며, 심리치료의 한 기법이 될 수도 없다. 불교적인 관점에

입각하여 사람들을 도울 때 그 결과는 매우 다양하게 나타날 수 있다. 때로는 인격의 성장을 촉진하고, 문제를 예방하며, 마음의 고통을 치료하기도 한다. 불교 상담을 적용할 때 나타날 수 있는 이 수많은 결과들 중에서 유독 심리치료에 관심을 집중하고 불교 상담을 심리치료와 동일시하는 것은 불교 상담의 범위를 부당하게 축소시킬 뿐 아니라 그 성격을 왜곡하는 잘못을 저지르게 된다.

  불교 상담을 논하는 데 심리치료를 앞세우게 되면 불가불 사람의 변화, 그리고 그 변화를 돕는 방법에 관한 논의에 심리치료의 영향이 깊숙이 들어올 수밖에 없다. 심리치료라는 프리즘을 통해서 불교 상담을 들여다봄으로써 불교 상담의 성격이 부명하게 느러날 수 없게 되는 셈이다. 이렇게 되면 사람의 변화 또는 변화를 돕는 방법에 관해서 불교 상담 고유의 지식이 창출되고 다듬어지기는 매우 어렵다. 불교 상담을 연구하는 동기가 서구의 심리치료를 보완하거나 심리치료 기법을 다양화하기 위해서라면 불교상담학이 정립될 가능성은 거의 없다고 말해도 틀리지 않을 것이다.

다시 한 번 더 강조하지만 필자는 불교의 심리치료 기능을 부인하지 않는다. 서구 심리학자(Watts, 1961, p. 3.)의 눈에 '불교는 철학이나 종교가 아니라 오히려 심리치료에 가깝다.'고 보일 정도로 불교에는 심리치료와 관련된 요소가 풍부하게 들어 있다. 사실 부처 스스로 자신을 '마음을 치료하는 대의왕(大醫王)'(잡아함경, 전15, 제389경)이라고 소개한 적도 있다. 그러나 여기에서 말하는 '치료'는 현재 심리치료학에서 말하는 치료, 즉 정신에 이상이 있어서 이를 고치는 행위만을 뜻하는 것이 아니다. 여기서 치료는 상담, 다시 말하면 인격적인 만남을 통해서 사람의 변화를 돕는 모든 행위를 의미한다. 부처가 수행한 수많은 상담 행위 중에 심리치료로 분류할 수 있는 내용은 극히 일부에 불과할 따름이다. 이렇게 볼 때 불교 상담을 심리치료로 환원하여 설명하는 것이 옳지 않음은 분명하다.

둘째, 불교상담학에서 종교의 냄새를 제거하는 일도 시급해 보인다. 종교에는 사실 유무를 검증할 수 없는 신비적인 주장들이 들어 있기 마련이다. 어떤 현상을 종교로 받아들인다는 말은 이와 같은 신비적인 주장을 의심하지 않고 받아들인다는 뜻이다. 불교도 하나의 종교이므로 그 안에는 신비스런 요소가 들어 있을 수밖에 없는데, 이런 신비적인 주장과 이론들이 불교적 상담의 개념에도 스며들어 있다. 따라서 이런 개념들을 받아들일 때는 어느 정도 선을 그을 필요가 있다. 불교 상담에서 중요하게 다루고 있는 윤회의 개념을 예로 들어 보자. 연기의 법칙에 의해서 현상 세계가 원인 및 결과에 의해 이루어지고 이 사이에 끝없는 연쇄 작용이 이어진다는 윤회설을 인정하는 것과, 그 윤회설이 삼생, 즉 전생, 현생, 내생으로 이어진다는 주장을 인정하는 것에는 차이가 있나. 전사는 사람들의 싦의 과정에서 검증이 가능하지만, 전생과 내생을 동원한 후자의 주장은 검증이 불가능한 경험 세계 밖의 일이다. 따라서 불교상담학을 구성하고자 할 때 삼생윤회설과 같은 종교적 주장은 과감히 사상할 필요가 있다.

종교의 냄새를 제거하는 작업의 하나는 종교적 개념

을 일상화하는 방법이다. 깨달음을 예로 들어 보자. 불교상담학에서 깨달음은 아주 중요한 상담 목표의 하나다. 그러나 이 깨달음을 불교에서 말하는 '마음의 본성'을 보는 것이라든가 '궁극의 진리'에 도달한 상태라고 한정할 필요는 없다. 일상생활에서 일어나는 작은 알아차림도 깨달음의 범주에 포함시킬 수 있다. 예를 들어 지관법을 통해 자신의 내면에서 움직이는 마음의 작용을 알아 가는 과정 하나하나를 깨달음으로 보자는 말이다. 이렇게 하면 '마음의 본성' 보기를 굳이 거부하지 않아도 불교의 깨달음이 상담 요소의 하나로 쉽게 자리잡을 수 있다.

여기서 불교 상담과 불성 상담을 구분할 필요가 있다. 불교 상담(佛教相談)은 불교적인 철학관, 인간관, 세계관을 반영한 상담을 뜻하고, 불성 상담(佛性相談)은 불교 신자들의 영적인 성장에 도움을 주는 종교 상담을 뜻한다. 달리 말하면 불교 상담은 상담의 과정에 불교를 반영한 것이고, 불성 상담은 불교 신앙에 상담을 적용하는 것이다. 불교 상담이 상담학에 무게중심을 둔다면, 불성 상담은 신앙에 무게중심을 둔다. 상담의 실제 과정에 이 둘의 차이가 확연하게 드러나지 않을 수 있지만 그 개념 자체는 명확하게 구분해둘 필요가 있다. 이 연구는 일차적으로 불교 상담에 관심을 둔다.

셋째, 불교 상담에서 활용하는 용어와 개념을 쉽게 풀고 다듬어 현대화할 필요가 있다. 앞에서 살펴본 불교적 개념들은 그 용어 자체가 어렵고 내용을 이해하기도 쉽지 않다. 대부분의 개념이 한자 또는 원어로 표현되고 있어서 이를 이해하려면 상당한 공을 들여야 한다. 이렇다보니 불교전공자나 불교신자가 아닌 사람에게 불교 상담은 쉽게 다가갈 수 없는 것으로 여겨진다. 물본 일부(김보경, 2001; 봉타 스님, 1997) 출판물은 불교의 상담적 요소를 쉬운 용어와 현대적 화법으로 풀기 위해 노력하고 있지만 이제 겨우 시작에 불과하다. 불교 상담을 공부하는 상담자 또는 불교 상담의 수혜자가 될 일반인들이 보다 수월하게 접근할 수 있도록 난해한 용어와 개념들을 쉽게 풀어 내고 사람들의 일상어로 자리잡도록 하는 작업을 서둘러야 할 것이다.

넷째, 불교 상담이 사람들의 변화에 얼마나 도움을 주는지에 대한 실제 효과 연구가 부족하다. 앞에서도 지적했지만, 대부분의 불교 상담 연구는 불교에 들어 있는 상담적 요소를 발굴하거나 이를 개념적으로 체계화하는 일에 치중해 왔다. 그러다보니 그렇게 구성된 불교 상담의 실제 효과가 어떤지에 대해서 별 관심을 쏟지 못했다. 이제는 효과 연구를 통해서 그동안 발굴해 낸 불교적 개념의 상담 효과를 검증해야 한다. 불교 상담에서 중요하게 여기는 상담 방법에 지관법이 있다면, 이 지관법이 정말로 사람들의 생각, 감정, 의지, 행동, 대인 관계에 변화를 일으키는지, 또 그 변화의 양은 얼마나 되는지에 대해 실제 자료를 바탕으로 분석해야 한다. 실제 자료를 가지고 지관법의 상담적 효과를 지지하는 연구물이 쌓일 때 비로소 지관법은 의미 있는 상담 방법으로 자리매김될 수 있다. 이런 방식으로 불교 상담의 개념과 기법의 상담 효과를 하나하나

검증할 필요가 있다. 이런 검증 과정이 빠진다면 불교 상담은 쓸데 없는 헛공론에 그치고 말 것이다.

불교 상담의 실제 효과에 대한 연구를 한다고 할 때 오해의 소지가 있다. 혹자는 실제 연구를 소위 자연과학적 실증 연구, 즉 통계 방법을 사용한 계량 연구를 뜻한다고 좁게 해석할 수 있다. 상담 효과는 실제적인 검증이나 증명이 가능한 모든 연구를 통해서 확인할 수 있다. 따라서 불교 상담의 실제 효과 연구에는 연구 대상에 점수를 부여하고 수량화 작업을 거쳐 통계 분석을 수행하는 계량 연구뿐 아니라 수량화 과정을 전혀 요구하지 않는 질적 연구도 포함된다. 연구의 과정, 절차, 결과가 다른 사람들에 의해서 공적 확인이 가능한 것이라면 수(數)의 사용 여부와 상관없이 모두 불교 상담의 효과를 검증하는 수단으로 활용할 수 있다. 최근 상담학 연구방법론에도 새로운 바람이 불고 있다 (박성희, 2004). 전통적으로 사용되던 실증 연구 이외에 소위 대안적 연구 방법에 상담학자들의 관심이 쏠리고 있다. 인격적인 만남과 삶의 변화를 추구하는 상담의 성격을 탐색하는 수단으로 대안적 연구 방법이 보다 적합하다고 보기 시작한 것이다. 필자가 보기에 체험적 지식을 다루는 불교 상담에서 대안적 연구 방법들의 쓰임새는 매우 클 것이라 여겨진다.

다섯째, 불교에는 상담 방법으로 개발할 만한 도구들이 많이 들어 있다. 앞에서도 보았지만 선, 오정심관, 육바라밀, 사섭법, 선문답 등은 모두 상담 전략으로 활용될 수 있는 상담 도구들이다. 그러나 대부분의 선행 연구들이 상담 방법과 관련된 이들 지식을 개념적으로 소개하는 데 그치고 상담자가 활용할 수 있도록 구체화·실체화하는 작업에 나서지 않고 있다. 아마도 불교적 개념 자체가 상담 기법으로 그대로 쓰일 수 있다고 생각한 것 같다. 이따금 불교적 요소와 서구의 심리치료 기법을 한데 엮어서 불교 상담 기법으로 제시한 출판물이 없는 것은 아니지만(김보경, 2001; 노안영, 1998) 그 내용이 불교 상담 고유의 개념을 제대로 반영한 것인가에는 다소 의문이 든다. 이런 점에서 강종구(1999)의 연구는 주목할 만하다. 그는 유식학의 바탕 위에서 '바라보기'라는 새로운 상담 방법을 제안하고 있다. '바라보기'는 비교, 분석, 평가, 판단 없이 일어나는 현상에 대한 순수한 마음집중을 뜻하는 것으로서 다시 '나 바라보기', '너 바라보기', '그것 바라보기'로 갈라진다. 음악을 예로 들어 설명한 '그것 바라보기'의 구체적인 전개 과정은 바라보기를 상담의 과정에 어떻게 사용해야 할지에 대해 상세한 지식을 제공한다. 사실 '바라보기'는 불교의 이곳저곳에서 언급되고 있는 관찰법을 새롭게 다듬어 체계화한 상담 도구다. 불교에 담겨 있는 상담 방법적 지식을 이런 식으로 다듬고 재창출하는 작업이 이어질 필요가 있다.

여섯째, 불교경전에 대하여 보다 심화된 연구를 수행하여 아직까지 알려지지 않은 상담 요소들을 더 발굴해 낼 필요가 있다. 불교 안에는 여러 가지 종파가 있고, 또 엄청나게 많은 경전들이 있다. 그 안에 상담과 관련된 지식들이 엄청나게 담겨 있으리라는 점은 의심할 바가 없다. 그런데 불교 상담에 대한 선행 연구들은 이미 알려진 몇 가지 개념들에 주의를 집중하고 있다. 더구나 그런 논의가 생산적으로 진전되지 못하고 같은 것을 다시 되풀이하는 경향이 없지 않다. 불교상담학을 발전시키려면, 앞으로 불교전문가(스님과 선사들)와 상담학자들이 함께 연구하는 기회를 확대할 필요가 있다. 불교경전과 불교수행법에 대해 해박한 지식을 가진 스님들을 불교 상담 연구의 주체로 끌어들인다면 불교상담학에 비약적인 발전을 꾀할 수 있을 것이다.

일곱째, 불교 상담에 대한 논의가 불교적 개념을 이해하는 수준에서 이를 생활의 맥락에 적용하는 수준으로 한 단계 올라갈 필요가 있다. 이를 위해서는 불교상담을 논의하는 상담학자들이 어떤 방식으로든 불교적 지식을 체험할 필요가 있다. 불교적 개념들은 머리로 이해할 수 있는 논리적 지식일 뿐 아니라, 동시에 수행을 통하여 직접 체험할 때 비로소 알 수 있는 체험적 지식이기도 하다. 아니 불교에 대한 논리적 지식은 체험적 지식을 전제로 성립하며, 체험적 지식이 뒷받침되어야 완성될 수 있는 지식이라는 표현이 정확하다. 이는 불교 상담에서도 마찬가지다. 불교 상담에서 체험이 이처럼 중요하다면, 불교 상담을 논하는 상담 학자는 어떤 방식으로든 불교적 수행법을 접해 보아야 한다. 체험의 내용을 논의하는 사람에게 실제 체험 내용이 결여되어 있다면, 말할 수 없는 것을 말하는 셈이 되어 우스꽝스럽게 된다. 물론 순수학문적 관점에서 불교 상담에 접근하는 것은 충분히 가능하다. 하지만 불교 상담의 안으로 들어와서 깊이 있는 논의에 참여 하려면 불교적 체험은 필수적이다. 일부 선행 연구들 중에는 방금 언급한 이 체험 지식이 없다고 판단되는 것들이 있다. 내용 전개가 지리하거나, 개념의 나열에 그치거나, 핵심으로 다가가지 못하고 변죽을 울리는 데서 그치거나, 이따금 잘못된 주장을 하는 연구물들 이 그런 것들이다. 불교 상담에 관심을 가진 학자라면 불교적 체험에도 마음을 열고 참여할 필요가 있을 것 이다.

불교적 체험에 참여하라고 해서 반드시 불교신자가 되라는 말은 아니다. 다행스러운 것은 불교는 매우 열려 있는 종교라는 점이다. 필자의 눈에 불교는 종교가 아니라 고도로 체계화된 수행법으로 보인다. 불교에서 제시한 수행법들은 불교적 색채를 제거하기만 하면 누구나 언제 어느 곳에서나 수행할 수 있다는 장점이 있다. 또 원하기만 하면 불교의 교리에 동의하지 않고서도 불교의 수행법에 참여할 기회나 방법은 얼마든지 있다. 불교를 열심히 믿는 신자는 오히려 불교상담학자로서 적절하지 못할 수도 있다. 신앙이 깊어지면 자칫 학자가 지켜야 할 객관성을 잃어버릴 가능성이 높기 때문이다. 그렇다면 이상적인 불교상담학자는 불교신자가 아니면서 불교적 개념과 체험에 익숙한 사람이라고 말할 수도 있을 것이다.

여덟째, 상담자의 역할이 분명히 규정될 필요가 있다. 상담은 청담자 혼자 하는 것이 아니라 상담자와 청담자가 더불어 함께 한다는 점에서 분명히 홀로 하는 개인 수행과 다르다. 불교 상담에서 청담자 개인의 자기 수행은 매우 중요하다. 그러나 이 자기 수행이 불교 상담의 전체 과정을 차지하는 것은 아니다. 청담자에게 불교 상담의 개념과 방법을 소개하고 필요한 자기 수행으로 안내하는 과정, 그리고 자기 수행의 중간 단계와 결과를 점검·개입하는 과정, 자기 수행의 결과를 의미 있게 해석하는 과정들이 상담 안에 포함된다. 여기에 불교상담자의 특별한 역할이 필요하다. 그렇다면 불교상담자는 상담을 할 때 이 역할들을 구체적으로 어떻게 전개해 나가야 할까? 상담의 실제에 관한 이 같은 지식은 불교 상담을 전개하려는 상담자에게 무엇을 어떻게 해야 하는지에 대한 분명한 지침을 줄 수 있을 것이다. 그러나 아쉽게도 선행 연구들은 이 부분에 대해 별로 관심을 보이지 않고 있다. 상담자-청담자 관계가 인격적이어야 한다는 점(강종구, 1999), 상담자는 체험의 수순이 깊은 인격이 뛰어난 스승이어야 하고 청담자는 존경하는 마음으로 상담자에게 절대 복종하는 자세를 가져야 한다는 점(서광, 1993), 청담자로 하여금 현상적 경험을 담담하게 받아들일 수 있도록 상담자 자신이 심리적 문제나 이론적 편견으로부터 자유로워야 한다는 점(윤호균, 1997) 등 다소 추상화된 수준에서 상담자의 역할을 기술하고 있는 것이 고작이다. 불교 상담이 상담의 실제에 응용되려면 앞으로 이에 대해 심화된 연구가 뒤따라야 할 것이다.

아홉째, 체계적인 불교상담학을 정립하기 위한 노력이 필요하다. 불교 상담에 대한 상담자들의 관심은 불교에 서구의 심리치료와 유사한 요소들이 들어 있다는 사실이 발견되면서 시작되었다. 그런데 이러한 관심은 서구 심리치료의 패러다임에 깊숙이 물들어 있는 심리학자들(이죽내, 1991, 1993; 이장호, 1990; 김기석, 1969, 연도미상; 권석만, 1997; 윤호균, 1982, 1999) 또는 불교 관련 (교육)대학원에서 공부한 아마추어 학자들의 석사학위논문(이광준, 1974; 함승희, 1990; 유미정, 1996; 정현주, 1999; 이상구, 1987; 김진태, 1997; 김상백, 2000)에 의해서 주도되어 왔다. 심리학자들은 서구 심리치료의 패러다임을 버릴 수 없다는 이유 때문에, 또 아마추어 학자들은 상담 지식과 실제에 대한 역량 부족 때문에 불교상담학 고유의 이론 체계를 정립하는 데 한계를 보일 수밖에 없었다. 이런 상황에서 최근에 나타

나기 시작한 동향은 주목할 만하다. 앞에서 말한 대로 강종구(1999)의 유식 상담, 김보경(2001)의 지관 상담, 용타 스님(1997)의 마음 상담은 불교상담학의 새로운 가능성을 보여 준다. 물론 이들에게 문제가 없는 것은 아니다. 상담의 실제를 안내할 상담 방법과 상담 기법에 대한 미진한 탐색(강종구의 경우), 불교적 개념과 상담 적용 사이의 논리적 관련성에 대한 불분명한 해명(김보경), 불교 상담의 원리적 체계화의 미비(용타 스님) 등 문제가 없는 것은 아니나, 새로운 작업의 시작으로서의 가치는 충분하다. 앞으로 불교상담학은 이런 종류의 연구에 박차를 가하여야 할 것이다.

5

맺음말

　지금까지 불교 상담에 관한 선행 연구의 내용들을 분석하고 불교상담학의 정립을 위한 과제에 대하여 논하였다. 이 글에서 살펴본 대로 불교는 아주 오래 전부터 한국 사회에서 중요한 상담 기능을 수행하여 왔다. 함께 어울려 사는 사람들의 삶에 도움을 주고, 보다 완성된 인격을 향하여 사람들의 삶이 움직이도록 끊임없이 자극하는 역할을 맡아 왔던 것이다.

　우리는 이제 불교에 담겨 있는 이 같은 상담적 요소를 개발하고 현대 사회에 적합한 모습으로 불교 상담을 새롭게 단장할 때가 되었다.

상담학적 관점에서 불교를 새롭게 해석하고, 용어와 개념을 쉽게 풀어 내며, 불교 상담에 대한 지식과 체험에 익숙한 상담자들을 양성해 내야 한다. 이를 위해서는 상담학자, 스님, 불교신자, 불교경전학자 등의 공동 작업이 요구된다.

불교 상담을 정립하는 작업은 단순히 불교에만 치우친 불교상담학을 정립한다는 차원이 아니라 우리 사회 또는 동양 사회에 뿌리를 둔 새로운 상담학을 창출한다는 차원에서도 대단히 뜻깊은 일이다. 종래 상담에 관한 담론이 서구에 의해 독점되어 왔다는 사실, 그리고 상담과 심리치료에 대한 논의가 일부 전문가에게만 닫혀 있었던 사실을 상담학자들은 깊이 반성해야 한다.

없다면 모르되, 우리 사회에 분명히 존재하는 고유한 상담의 모습을 그냥 방치하고 버려두는 것은 상담자로서 또는 학자로서 올바른 태도가 아니다. 상담이 문화를 다루는 활동이라는 점을 인정한다면, 우리 문화 속에 존재하는 상담의 모습을 정확히 짚어 내고 이를 체계화하는 작업을 서둘러야 할 것이다. 그런 점에서 불교는 더할 나위 없이 풍부한 자원이다. 앞으로 이 작업이 계속 이어지기를 간절히 바란다.

| 참고문헌 |

강종구(1999). 상담에 대한 유식학적 접근. 동국대학교 대학원
    박사학위논문.

강종구(1999). 행동주의와 유식학의 비교연구. 종교교육학회,
    종교교육학, 9.

권석만(1997). 인지치료의 관점에서 본 불교. 심리학의 연구문
    제(서울대학교 심리학과), 4, 279-321.

김기석(1969). 선의 심리학적 일고찰. 한국심리학회, 1, 37.

김기석(연도미상). 명상의 심리학적 일고찰.

김낙원(1996). 선의 심리학적 치료방법에 관한 연구. 불교대학
    원논총(동국대학교), 5.

김보경(2001). 선과 파블로프의 개: 지관상담 및 지관의 행동치
    료적 응용. 서울: 교육과학사.

김상백(2000). 청소년상담의 선 심리치료적 연구. 동국대학교
    불교대학원 석사학위논문.

김열권(1993). 위빠사나 1, 2. 서울: 불광출판사.

김진태(1997). 선에서의 분별심 초월과정이 상담에 주는 시사
    점. 한양대학교 교육대학원 석사학위논문.

김학환(1980) 선의 심리치료적 효과에 관한 연구. 고려대학교
    대학원 석사학위논문.

노안영(1998). 선을 이용한 게슈탈트 집단상담 프로그램. 학생
    생활연구(전남대학교), 30.

박성순(1980 또는 1976). 상담자의 태도와 보살수행 태도의

비교연구. 고려대학교 대학원 석사학위논문.

박성희(2001). 상담과 상담학: 새로운 패러다임. 서울: 학지사.

박성희(2004). 상담학 연구방법론. 서울: 학지사.

박영동(1989). 팔정도 수행법과 심리치료. 한양대학교 교육대학원 석사학위논문.

방기연(2000). 불교상담. 서울: 조계종출판사.

부운, 법성(1983). 불타교법의 재조명. 서울: 대각회출판부.

서광(1993). 불교상담심리학 입문. 서울: 불광출판사.

오까노 모리야(1992, 일진 역). 불교임상심리학. 서울: 불광출판부.

용타 스님(1997). 마음 알기 다루기 나누기. 서울: 대원정사.

유미영(1999). 선과 상담심리치료의 비교연구. 동국대학교 대학원 석사학위논문.

윤호균(1970). Buddhism and Counseling, 한국심리학회지, 1(3).

윤호균(1982). 정신분석 · 인간중심의 상담 및 불교의 비교. 임상심리학보, 3(1).

윤호균(1983). 삶, 상담, 상담자. 서울: 문지사.

윤호균(1997). 불교의 연기론과 상담, 동양심리학. 서울: 지식산업사.

이광준(1974). 선과 상담에 관한 비교연구. 고려대학교 교육대학원 석사학위논문.

이광준(2000). 정신분석 해체와 선심리학. 서울: 학문사.

이동식(1974). 선과 정신분석, 한국인의 주체성과 도. 서울: 일지사.

이동식(1991). 선과 정신분석, 현대인과 스트레스. 서울: 한강수.

이명주(1993). 명상이 스트레스 및 자아실현에 미치는 영향에 관한 연구. 숙명여자대학교 교육대학원 석사학위논문.

이상구(1987). 유식불교의 심리치료 연구. 한양대학교 교육대학원 석사학위논문.

이장호(1990). Comparisons of oriental and western approaches to counseling and guidance. 상담과 심리치료, 3, 1-8.

이죽내(1981). 선과 분석심리학적 정신치료에 있어서 기본전제와 태도의 비교. 도와 인간과학(소암이동식선생 회갑기념논문). 서울: 삼일당.

이죽내(1991). 분석심리학의 관점에서 본 원효의 화정사상. 심성연구, 6, 17-30.

이죽내, 김현준(1993). 원효가 본 지관에 대한 분석심리학적 고찰. 심성연구, 8(1, 2), 41-56.

이춘희(1990). 심리치료에 있어서 분석적 이론과 선원리의 비교연구. 대구대학교 대학원 박사학위논문.

잡아함경, 전 15, 제389경.

정현주(1999). 명상수련자의 성격특성에 따른 명상의 불안완화 효과. 가톨릭대학교 대학원 석사학위논문.

정혜자(1993). 석존교설에 의한 상담심리연구. 동국대학교 대학원 석사학위논문.

함승희(1990). 불교적 상담과 C. Rogers의 인간중심적 접근과의 비교연구. 동국대학교 교육대학원 석사학위논문.

황화성(1988). 선과 C. Rogers의 인간중심적 접근과의 비교
연구. 건국대학교 교육대학원 석사학위논문.

회산계연(1993, 연관 역). 선문단련설: 서울: 불광출판사.

De Grace, G. (1976). Effects of meditation on
personality and values. *Journal of Clinical
Psychology, 32,* 809-813.

Linden, W. (1973). Practicing of meditation by school
children and their levels of field dependence-
independence, test anxiety, and reading achivement.
Journal of Counseling and Clinical Psychology, 41,
139-143.

Wallace, R. H., & Benson, R. (1972). The physiology of
meditation. *Scientific American, 226,* 84-89.

Watts, A. (1961). *Psychotherapy east and west.* N. Y.:
Random House.

저자 소개

박성희

1957년 서울 출생
서울대학교 사범대학 교육학과 졸업
서울대학교 대학원 교육학과 교육상담학 박사
한국행동과학연구소 상담실 책임연구원
미국 위스콘신대학교 상담학과 객원교수
캐나다 브리티시 컬럼비아대학교 상담학과(ECPS) 객원교수
한국상담학회 수련감독사
현재, 청주교육대학교 초등교육학과 교수

[저서와 역서]
담임이 이끌어 가는 학급상담(학지사, 2006)
한국형 초등학교 생활지도와 상담(공저, 학지사, 2006)
꾸중을 꾸중답게, 칭찬을 칭찬답게(학지사, 2005)
초등학교 현장 상담대화기법 동영상 CD 프로그램(학지사, 2005)
공감학: 어제와 오늘(학지사, 2004)
상담학 연구방법론: 사회과학 연구방법의 새로운 지평(학지사, 2004)
상담의 도구(대한민국학술원선정 우수도서, 이동렬과 공저, 학지사, 2002)
동화로 열어가는 상담이야기(학지사, 2001)
상담의 새로운 패러다임(대한민국학술원선정 우수도서, 학지사, 2001)
상담의 실제(대한민국학술원선정 우수도서, 이동렬과 공저, 학지사, 2001)
새내기 상담가를 위한 상담과 심리치료(이동렬과 공저, 교육과학사, 2000)
공감과 친사회행동(문음사, 1997)
사람들의 행동을 변화시키는 특이한 방법들(역, 양서원, 1995)

[수 상]
대한민국학술원선정 우수도서(2003)
제12회 한국교육학회 학술상 수상(2006)
제14회 삼천리자전거배 전국산악자전거대회 초급 마스타부 우승
제2회 봉화춘양목송이배 전국산악자전거대회 초급 마스타부 우승

불교와 상담

1판 1쇄 인쇄 | 2007년 1월 5일
1판 1쇄 발행 | 2007년 1월 10일

지은이 | 박성희
펴낸이 | 김진환
펴낸곳 | 도서출판 **학지사**

주소 | 121-837 서울시 마포구 서교동 352-29 마인드월드빌딩 5층
대표전화 | 02)326-1500   팩스 | 02)324-2345
홈페이지 | http://www.hakjisa.co.kr
등록 | 1992년 2월 19일 제2-1329호
정가 | 7,000원
ISBN | 978-89-5891-402-0   94180
        978-89-5891-400-6 (set)

동양상담학 시리즈

■ 마음과 상담 ①

상담은 사람의 마음을 전문적으로 다루는 활동이다. 따라서 상담자는 마음이 어떻게 생겼는지, 어떻게 작동하는지, 어떻게 변화되는지 등 마음에 대해 남다른 지식을 가지고 있어야 한다. 이 책은 마음에 대한 동서양의 관점을 살피고 이를 상담에 활용하는 전략에 대해 다룬다.

■ 불교와 상담 ②

불교에서 상담적 요소를 찾아내어 이를 현대 상담 이론과 상담 전략으로 정립하려는 노력은 꾸준히 전개되어 왔다. 이제 지금까지의 연구 결과를 종합하여 매듭을 하나 짓고 동시에 불교 상담의 미래를 전망할 시점이 되었다. 불교 상담의 어제, 오늘 그리고 내일을 조망해 본다.

■ 선문답과 상담 ③

선문답과 상담이 무슨 관련이 있을까? 이해하기도 어렵고 이해하려는 노력만으로는 절대로 풀 수 없는 선문답을 상담에 가져오는 일이 가능할까? 하지만 700여 년 이상 전개된 선문답의 역사를 들여다보면 답은 명쾌해진다. 단박에 존재의 본질을 꿰뚫고 들어가는 선문답은 실존적 상담을 이끌어 가는 중요한 실마리로서 손색이 없다.

■ 논어와 상담 ④

2,500여 년 전 공자가 제자들을 데리고 다니며 상담 활동을 전개했다는 사실을 아는가? 요즈음 말로 공자는 인생 상담에 도가 트인 분이다. 논어에 담겨 있는 공자의 지혜를 현대 상담으로 풀어낸다.

■ 퇴계 유학과 상담 ⑤

퇴계가 정립한 조선 성리학은 사람의 마음을 살핀 심성론이다. 경을 중심으로 전개되는 심성론에는 오늘날 상담학에서 다루는 많은 지식이 아주 섬세하게 논의되고 있다. 상담자로서 퇴계의 면모를 살펴보고 그의 아이디어를 현대 상담으로 끌어와 살핀다.

■ 도덕경과 상담 ⑥

도덕경은 그야말로 상담책이라고 해도 과언이 아니다. 도덕경의 한 구절 한 구절이 모두 세상을 행복하게 살아가는 법에 대해 말하고 있기 때문이다. 삶을 소유가 아니라 누림으로 풀어내는 노자의 혜안을 통해 행복하게 살고픈 이들을 돕는 동양의 비법을 접할 수 있다.

■ 모리타 상담 ⑦

신경증 치료를 위하여 모리타가 개발한 일본식 상담이다. 서양식 상담을 일방적으로 수입하지 않고 일본 내에서 자생적으로 성장한 상담이라는 점이 주목할 만하다. '아무것도 하지 않으면 자연적인 치유의 힘이 발동한다.'는 원리로부터 체계적인 상담법을 발전시킨 모리타의 창의성이 돋보인다.

■ 나이칸 상담 ⑧

나이칸 상담은 모리타 상담과 어깨를 나란히 하여 세계로 수출되고 있는 일본식 상담이다. 감사하는 마음을 북돋아 일으킴으로써 청담자를 평화와 행복의 세계로 인도하는 방법을 제시하고 있다. 감사하는 마음을 일으키기 위하여 마련한 치밀한 세부 절차와 과정에서 일본 냄새가 강하게 풍기는 상담임을 느끼게 한다.

■ 동사섭 상담 ⑨

세계 상담계에 내놓아도 좋을 만한 대표적인 한국식 상담이다. 불교적인 아이디어와 서양식 상담을 절묘하게 버무려 새로운 형태의 상담을 탄생시킨 용타스님의 혜안이 놀랍다. 짧은 시간에 많은 사람들의 메마른 감정을 휘저어 감동을 주는 동사섭의 세계를 맛볼 수 있다.

박성희 저 / 46판 / 전9권 / 각권 7,000원 (세트 63,000원)